科技企业孵化器知识产权服务中政府行为方式的研究

潘 冬 著

北京工业大学出版社

图书在版编目（CIP）数据

科技企业孵化器知识产权服务中政府行为方式的研究 / 潘冬著 . — 北京：北京工业大学出版社，2025.7 重印
 ISBN 978-7-5639-6246-4

Ⅰ . ①科⋯ Ⅱ . ①潘⋯ Ⅲ . ①知识产权－政府行为－作用－高技术企业－企业孵化器－研究－中国 Ⅳ .
① F279.244.4

中国版本图书馆 CIP 数据核字（2018）第 125142 号

科技企业孵化器知识产权服务中政府行为方式的研究

著　　　者：潘　冬
责任编辑：齐雪娇
封面设计：点墨轩阁
出版发行：北京工业大学出版社
　　　　　（北京市朝阳区平乐园 100 号　邮编：100124）
　　　　　010-67391722（传真）　　bgdcbs@sina.com
出 版 人：郝　勇
经销单位：全国各地新华书店
承印单位：三河市元兴印务有限公司
开　　本：787 毫米 ×960 毫米　1/16
印　　张：8.25
字　　数：149 千字
版　　次：2021 年 10 月第 1 版
印　　次：2025 年 7 月第 4 次印刷
标准书号：ISBN 978-7-5639-6246-4
定　　价：35.00 元

版权所有　翻印必究

（如发现印装质量问题，请寄本社发行部调换 010-67391106）

前　言

在知识经济时代，知识产权作为特殊的知识资源，已成为推动关键领域技术突破和战略产业整体技术水平跃升的核心，并对加速我国创新型国家建设起着决定性的作用。由国务院颁布的《国家中长期科学和技术发展规划纲要（2006—2020年）》和《国家知识产权战略纲要》明确提出，科技企业尤其是孵化器中的科技型中小企业所具有的各类知识资源是国家创新体系的重要组成部分和潜在动力源，是增强企业市场竞争力和提高国际核心竞争力的动力所在，须从孵化载体建设、孵化服务创设、孵育资源投入等方面予以新的突破。为此，如何加快科技孵化器知识产权服务的建设，形成一个完善的知识产权服务体系，成为学界和业界面临的一个亟待解决的问题。

科技企业孵化器知识产权服务不是简单的技术问题和经济问题，是一项涉及多领域、多环节、多层次的复杂系统工程。因客观条件和自身能力的限制，孵化器知识产权服务存在"服务资源瓶颈"和"服务市场失灵"等问题，且这些难题单靠科技企业孵化器自身难以解决，亟须园区政府以不同行为方式的介入来给予解决。

由此，我们应正确认知孵化器知识产权服务与政府行为方式之间的内在规律。然而孵化器知识产权服务包含哪些具体内容？园区政府行为方式由哪些构成？政府行为方式对孵化器知识产权服务的顺利实施又能产生何种作用？现有的研究无论从理论层还是实证层都未给予明确的解答。基于此，本书选择孵化器知识产权服务中的政府行为方式作为研究方向，期待通过本书的研究为孵化器领域的理论研究者和实践管理者提供有益的参考和借鉴。

本书的创新之处在于：第一，以知识产权服务理论为指导，揭示了孵化器知识产权服务及其政府行为方式的内涵，提出了孵化器知识产权服务及政府行为方式的具体构成，明确了政府行为方式对孵化器知识产权服务的内在作用机理；第二，构建了孵化器知识产权服务及其政府行为方式的评价指标体系，为孵化器内的知识产权服务人员提供理论指导和方法。

著　者

2018年1月

摘 要

科技企业孵化器作为培养中小型科技企业的重要载体，已成为国家创新体系的重要组成部分。本书以"输入—运作—输出"经典框架为分析框架，在借鉴国内外相关研究的基础上，综合运用技术创新、组织行为、知识产权服务等理论原理，深入研析了孵化器知识产权服务及其政府行为方式，是对孵化器内知识产权服务工作的一次理论提升。

本书以完全事业型科技企业孵化器为研究对象，在揭示了孵化器知识产权服务内涵的基础上，以孵化器内在孵企业的不同成长阶段为主线，解析了孵化器知识产权服务的具体构成；并对孵化器知识产权服务中的政府活动内容进行了聚类与推演，将政府行为方式划分为政策驱动、项目拉动和服务推动三大类；创设了孵化器知识产权服务及其政府行为方式的评价指标体系，并运用到 SPSS 软件和 AMOS 软件中以构建孵化器知识产权服务及其政府行为方式的结构方程（SEM）概念模型，从而对孵化器知识产权服务中政府行为方式的作用机理进行了验证和解析；选取了 A 市高新区为典型个案，描述 A 市高新区孵化器知识产权服务及其政府行为方式的现况，挖掘 A 市高新区孵化器知识产权服务及其政府行为方式的问题及原因，从政策优化、服务改进、新方式的设立等方面拓展孵化器知识产权服务中政府行为方式的具体活动内容。本书具体内容如下：

首先，以技术创新理论为指导，概括了科技企业孵化器知识产权服务的内涵；以在孵企业不同成长阶段为研究主线，解析了科技企业孵化器知识产权服务的构成要素；基于对文献的梳理，界定了科技企业孵化器知识产权服务中政府行为方式的内涵；借助聚类分析法，划分了科技企业孵化器知识产权服务中政府行为方式的类型；运用 IPO 理论，构建了科技企业孵化器知识产权服务中政府行为方式的理论分析框架。

其次，通过深度访谈、文献梳理、专家甄别等方法，获得了科技企业孵化器知识产权服务及其政府行为方式的测量题项；采用 SPSS 软件分别对科技企业孵化器知识产权服务及其政府行为方式测量题项的有效预调研数据进行探索性因子分析，得出了7个科技企业孵化器知识产权服务的关键因子与8个科技企业孵化器知识产权服务中政府行为方式的关键因子。

再次，探析了政府项目拉动、服务推动和政策驱动等行为方式对科技企业孵化器知识产权服务效能的作用机理，进而构建了科技企业孵化器知识产权服务中政府行为方式的概念模型并提出了研究假设。

复次，运用SPSS软件和AMOS软件对回收的有效调研问卷进行信度分析；运用二阶验证性因子分析进行效度检验，运用结构方程（SEM）逐层深入地对概念模型及其假设进行验证，并对验证结果进行讨论。

最后，根据实证分析结果，提出了科技企业孵化器知识产权服务中政府行为方式的改进建议，为未来园区政府行为方式的改进提供应用指导。

目 录

第一章　绪　论 ··· 1
 第一节　研究背景及意义 ·· 1
 第二节　文献综述 ·· 3
 第三节　主要内容及方法 ·· 20
 第四节　创新点 ·· 23

第二章　理论基础研究 ·· 24
 第一节　科技企业孵化器中知识产权服务的认知 ································ 24
 第二节　科技企业孵化器知识产权服务中政府行为方式的解析 ··········· 30
 第三节　科技企业孵化器知识产权服务中政府行为
     方式的理论分析框架 ·· 38

第三章　科技企业孵化器知识产权服务及其政府行为方式的
    探索性因子分析 ·· 44
 第一节　探索性因子分析的指导思想及原则 ····································· 44
 第二节　访谈大纲设计及测量实施 ··· 45
 第三节　基本因子预调研分析 ··· 52

第四章　科技企业孵化器知识产权服务中政府行为方式的作用机理 ········· 67
 第一节　科技企业孵化器知识产权服务中政府
     行为方式作用机理分析 ··· 67
 第二节　科技企业孵化器知识产权服务中政府
     行为方式的概念模型 ·· 75

第五章　科技企业孵化器知识产权服务中政府行为方式的作用机理实证研究 …… 77
第一节　统计软件选择与正式调研问卷设计 …… 77
第二节　样本数据的信度与效度检验 …… 81
第三节　结构方程模型检验 …… 92

第六章　科技企业孵化器知识产权服务中政府行为方式的改进 …… 102
第一节　A市高新区孵化器知识产权服务中政府行为方式的概括 …… 102
第二节　A市高新区孵化器知识产权服务中政府行为方式问题的挖掘 …… 104
第三节　孵化器知识产权服务中政府行为方式的改进建议 …… 107

第七章　研究结论与展望 …… 111
第一节　研究结论 …… 111
第二节　研究展望 …… 112

参考文献 …… 114

第一章 绪 论

第一节 研究背景及意义

知识经济时代是建立在知识资源及其成果的生产、分配、使用和消费基础上的智力经济时代。该时代以知识为要素，以创新为动力，通过产权机制，赋予知识生产者对创造的智力成果享有在一定期限内的独占权，并以此建立起不同于以往工业经济的一种创新经济形态。可以说，知识经济时代就是对知识资源及其成果予以创造和运营的时代，这个时代的核心价值体现为对知识产权这一特殊知识资源的运用和保护。

纵观国外知名的科技企业孵化器，如美国的 Y-Combinator、DreamIt Ventures 和 TechStars，其从吸纳在孵企业之初就凭着卓有成效的知识产权服务理念及充裕的服务资源，将在孵企业知识成果源源不断地孵化成符合市场需求的专利技术及产品，并以此为基础带动在孵企业获取持久的竞争优势。因此如何完善科技企业孵化器的知识产权服务体系、强化科技企业孵化器的知识产权服务能力，成为目前我国科技企业孵化器研究领域的重要议题。

一、研究背景

科技企业孵化器从创建之初就被赋予了众多使命，如促进技术创新、推动经济发展、培育创新企业等；其成为联结创新源头和发展高技术产业的重要经济组织，是国家创新体系当中重要的组成部分之一。科技企业孵化器以促进科技成果转化、孵育高新企业、培养高端管理人员为己任，在培养具有自主知识产权的科技型中小企业、优化区域产业结构、创造就业机会等领域发挥了重要作用。

（一）科技企业孵化器步入快速成长期

从第一家科技企业孵化器（武汉东湖创业中心）诞生至今，我国已建立了比较完整的孵化体系，并呈现出专业化、虚拟化、国际化的趋势。到 2011 年年底，全国科技企业孵化器数量约 800 家，拥有孵化场地 2894 万平方米，共有 5 万多家在孵企业,还拥有一支由上万人组成的管理和服务队伍,这些孵化资源不但强化了在孵企业的成长,还间接地调动了区域经济的腾飞。据已有资料分析,科技型中小企业在初创期的 3 年内有 70% 的企业会因为缺少必要的资金或管理而死亡,而经过科技企业孵化器孵化的初创型科技中小企业则能保证有 75% 以上的存活率,尤其是在我国沿海发达地区,科技企业孵化器更是成为中小企业抵御外部风险的良好港湾。

(二)科技企业孵化器发展体系日趋完善

目前我国科技企业孵化器发展主要呈现出以政府投资和风险投资相结合、科技与制度创新相结合的局面。科技企业孵化器在成为推动高新技术发展有效手段的同时,也成为增强区域服务能力、优化服务功能、完善服务种类的重要载体。随着科技企业孵化器投资主体逐渐的多元化,科技企业孵化器与高新区实现了良性互动,并逐渐从高新区内获得了诸多资源要素,尤其是 2003 年在武汉举行的科技企业孵化器建设试点城市工作座谈会上,政府更是将"高新区二次创业"作为了发展科技企业孵化器和地区经济的重要推力。

(三)科技企业孵化器服务问题日渐凸显

我国科技企业孵化器发展也存在诸多问题,尤其是在知识产权服务供给领域,主要体现在:硬件设施供给有余,知识产权管理服务支持不足;机构运行机制滞后,服务投资主体单一;政府行政色彩过浓,专业服务管理人才匮乏,服务人员素质亟待提高;知识产权中介服务机构准入及评价体系不健全,高端权项运营服务不足,服务网络体系不完善;投资退出机制尚未完善,链接与整合社会资源能力不够,融资水平低下。

(四)科技企业孵化器知识产权服务亟须政府支持

由于科技企业孵化器知识产权服务会带来一定的外部性和公益性,使得许多外部私人资本一般不愿介入,而且科技企业孵化器中各利益相关主体间也未形成很好的"利益风险分担机制",对于技术研发、权利索取、资金转换、产品销售等完善的服务链条还未建立,各类服务要素因得不到合理配置而使要素效应难以凸显。为此,如何弥补科技企业孵化器服务效用的缺失、加快在孵企业的顺利成长,就成为园区政府所急需解决的一个问题。在不完全代替科技企业孵化器从事服务活动的基础上,园区政府遵照市场运行规律,通过出台针对性强、效力高的科技企业孵化器服务新政策来间接规范科技企业孵化器的知识产权服务行为。科技企业借助园区政府各类资金、人才、技术资源的调配来有限度地帮助科技企业孵化器提供高质量的知识产权服务，并在此基础上推动在孵企业的顺利成长。

二、研究意义

本研究探析了科技企业孵化器知识产权服务中政府行为方式的构成及合理定位，有助于了解政府行为方式的运作机理，有助于促进科技企业孵化器知识产权服务的完善与优化。因此，科技企业孵化器知识产权服务中政府行为方式的研究具有重要的理论意义和应用价值。

（一）理论意义

目前国内外关于科技企业孵化器知识产权服务的研究还较少，对于科技企业孵化器知识产权服务中政府行为方式的研究则处于初始阶段。为此，本书将从科技企业孵化器知识产权服务的内涵入手，明晰科技企业孵化器知识产权服务的含义及特征，探寻科技企业孵化器知识产权服务中政府行为方式的具体类型，分析政府行为方式对科技企业孵化器知识产权服务的作用机理，把握科技企业孵化器知识产权服务中政府行为方式的内在规律，为园区政府选择适宜的行为方式提供参考，所形成的学术成果将为园区政府行为方式的优化提供理论指导。

（二）应用价值

本书对科技企业孵化器知识产权服务及其政府行为方式的研究具有明显的应用价值。首先，有助于改善科技企业孵化器知识产权服务内存在的薄弱环节，实现服务内容与在孵企业成长的完美结合，促进科技企业孵化器知识产权服务效能的提升。其次，有利于园区政府职能的转变，提高科技企业孵化器知识产权服务中政府行为方式的实施效用，增加科技企业孵化器知识产权服务效能的可实现度。再者，通过完善园区政府的行为方式，优化行为效率，控制行为成本，盘活行为资源，形成政府参与、企业联动、中介引入的服务链条，为科技企业孵化器知识产权服务提供政策支持、资源支持、人才支持，促进科技企业孵化器的技术孵育、权利引导和权项运营等服务的完美衔接，实现在孵企业知识产权能力高效成长的最终目标。

第二节 文献综述

查阅国内外相关研究文献获悉，学术界对于服务业、科技企业孵化器服务、政府行为方式的研究已有不少成果，其为科技企业孵化器知识产权服务中政府行为方式的研究奠定了理论基础，相关文献的脉络图如图1-1所示。

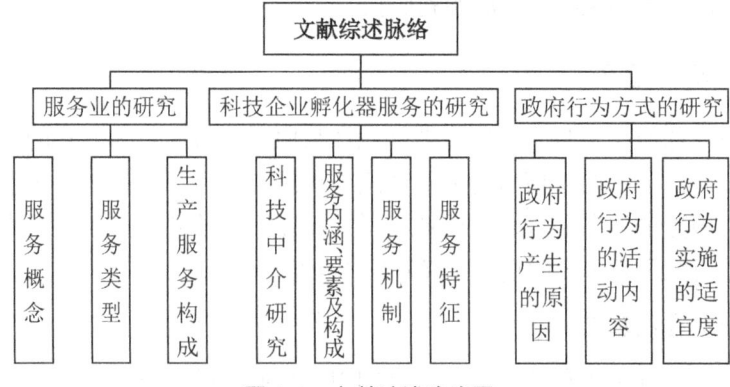

图1-1 文献综述脉络图

一、服务业的相关研究

随着经济增长和劳动分工的不断细化，无论从就业比重还是产值比重来看，所有高度工业化国家的经济都已演变成了"服务的经济"。服务业的发展已成为影响一国经济增长、吸纳就业和提高企业竞争力的决定因素。根据对现有服务业经典文献收集和整理的可知，目前学界及业界对服务业的研究焦点主要集中在服务业的概念、服务业的分类以及服务业的特征等领域。

（一）服务的经典理论

现有文献对服务的定义通常可以概括地分成两类：一类是以定义的方式，通过排他性的方式来说明"服务"，就是将"服务"定义为经济活动，而该活动的一切不属于产品生产方面；另一类是从服务的本质出发来给予定义的，即通过性质的明晰来进行，指出服务表现为某些性质特征的交易品，比如非实物性就是服务所表现出的特征之一。在现有关于服务的研究中较为经典的研究成果主要有有以下两点。

1. 服务的状态

经济学家T.P.希尔（1977）基于经济学角度给出了服务的概念，他认为：服务是指状态的变化，这种状态变化可在某个人身上也可在某个经济主体身上来发生；这种状态变化也可表示为另一个经济主体的劳动结果。所谓"状态的变化"是从计量经济学的角度所作的定义，强调服务所产生的结果。

2. 服务的过程

里德尔（1986）与尼克莱代斯（1989）则提出一个较具经济性的观点，并在定义中将服务强调为一种"过程"，这两位学者认为，"服务是以过程来展示，即服务是在特定期间内，通过转变消费者的现行状态，以提供消费者时间、空间或形式效用的经济活动。因此服务至少包括3个元素：第一，生产者为消费者服务；第二，消费者将会参与部分服务活动；第三，生产者及消费者在过程中共同活动"。

（二）服务业概念的界定

服务业概念的研究最早起源于西方"第三产业"这个概念，西方不少经济学家都从不同角度对第三产业进行了分析，在不同程度上揭示了第三产业的经济范畴和发展规律，其中较为著名的研究成果主要有以下三种。

1. 从非物质视角

英国经济学家、新西兰奥塔哥大学教授埃伦·费希尔在其所著的《安全与进步的冲突》一书中，最先提出了"第三产业"概念，并用于国民经济产业结构的划分，在费希尔的观点中，"第三产业"属于非物质性部门，其主要以提供旅游、娱乐、文化、艺术、教育、科学等非物质领域的产品为主。

2. 从产业演进视角

英国经济学家科林·克拉克在威廉·佩蒂的研究成果之上，在深入地分析研究了就业人口在三次产业中分布结构的变动趋势后，把国民经济结构明确地分为三大部门：第一大部门以农业为主，其中包括畜牧业；第二大部门包括生产制造业、采矿业等；第三大部门是服务业，包括建筑业、运输业、通信业、商业、金融业、专业性服务和个人生活服务、政府行政、律师事务和服务军队等。

3. 从要素聚集视角

经济合作与发展组织（OECD）在1999年9月召开的工商政策论坛上，从不同要素聚集的理念对服务业做了如下定义，具体内容为："服务业是经济活动中一个门类分布广泛的群体行业，它包括技术、知识和劳动密集型等领域。"简单地说，服务业与产品制作、采掘或农业没有直接联系，而是专以劳务、咨询、管理技能、休闲娱乐、培训中介等形式所进行的活动，而这种活动还带有增值性。

从对服务业概念的梳理和归纳中可知，虽然不同学者分别从不同的领域和方向来对服务业的概念进行了阐述和丰富，但服务业的核心理念在学界早已形成了初步共识，即服务业是指提供或生产服务产品的产业。

（三）服务业类型的划分

虽然学界对服务业的概念已形成了初步共识，但服务业的划分还始终处于争论当中，目前对服务业类型的划分主要从服务业形成的时间以及服务对象这两方面展开。

1. 基于形成时间的划分

最早将服务业类型进行划分的是从服务活动形成时间的先后顺序来进行的，其主要将服务业划分为传统服务业和现代服务业（徐国祥、常宁，2004），见表1-1。

表1-1　基于形成时间的服务业划分表

类型	界定	内容
传统服务业	传统服务业是指运用传统的生产方式经营，并且在工业化以前就已存在的服务业，是为人们日常生活提供各种服务的行业	医疗卫生服务业、餐饮住宿业、修理业、商业等
现代服务业	现代服务业是指其需求受工业化进程、社会生产分工的深入影响而加速发展的服务业和运用现代科学技术、新型服务方式及新型经营形态对传统服务业进行改造的服务业	物流与速递业、信息传输业、计算机服务业、电子商务业、金融保险业、房地产业、科学研究和技术服务业、远程教育业等

2. 基于服务对象的划分

随着国际分工的进一步加剧，部分学者发现现代服务业的研究内容已经逐渐向生产性服务转移，而过去从形成时间角度来从事的服务业研究也很难对服务业的内部构成进行合理分类，据此学界开始从服务对象的角度来对服务业的类型进行划分，并将其分为消费者服务业和生产者服务业（钟韵、闫小培，2004），见表1-2。

表1-2　基于服务对象的服务业划分

类型	界定	内容
消费者服务业	消费者服务业是指以面对终端消费者需求为目的，以改善和充实消费者生活水平、生活质量和生活内容为标准	饮食业、客运业、医疗卫生业、旅游及饭店业、文体娱乐业等
生产者服务业	生产者服务业是指中间服务和过程服务，主要销售给商业部门，是为生产、商务活动和政府管理提供的服务	计算机、会计、广告、技术和科学服务、法律服务、管理咨询、投资服务、专利申请等

具体包括，生产者服务是为其他商品和服务的生产者用作中间投入的服务，其最终目的是用于进一步的生产。

在对服务业分类的研究中可获悉，学界研究成果主要表现为传统和现代服务业分类、消费者和生产者服务业分类，但随着经济的发展和全球化进程的加快，学界发现生产者服务业逐渐成为国民经济增长、企业竞争力提升和社会环境稳定的核心所在，因此开始将服务业的研究热点转向以协助企业研发、转化、生产和销售为主的生产者服务业领域之中，并期望从该领域探索出未来服务业的发展方向。

（四）生产者服务业的具体构成

随着经济增长、劳动分工不断细化和市场不断扩展，产品的制造过程被分解成为一个个专业化的生产节点，原本内置于企业内部的服务活动开始逐渐外置，将一些原本属于企业业务的部分转移出去，转向使用由企业外部更加专业化的组织及个人来提供服务（江小涓、2011），而这些服务则是生产者服务业的具体构成。目前对生产者服务业具体构成的研究成果主要有以下几个方面。

1. 从服务功能的角度

布朗宁和辛格曼（1975）最早提出了生产性服务业（Producer Services）这一词，并在服务功能的阐述上，认为生产者服务业具有知识密集性和服务的专门性，其主要包括金融服务、保险服务、法律工商服务、经纪人服务、科技研发服务、专利服务等一系列为生产提供支持的中间型服务。

2. 从终端服务对象的角度

丹尼尔斯（1985）认为服务业可从服务终端的角度分为生产性服务业和消费性服务业，而生产性服务业的专业领域是终端消费者以外的服务领域，并将生产者服务确立为中间生产服务的货物储存与分配、办公清洁和安全服务等。豪厄尔斯和格林（1986）在丹尼尔斯研究的基础上进行了拓展，认为生产性服务业包括保险、金融和其他商业服务业，如广告及其相关的市场研究，以及职业和科学服务，如会计研究与开发专利申请等活动为其他企业中间性活动所展现的服务。

3. 从专业性活动的角度

汉森（1990，1994）在对专业活动在不同产业间的效用研究中表明，生产性服务业作为专业性的服务投入而发挥着中间功能，其包括上游的专业活动（如规划、研发、转化）和下游的专业活动（如管理、销售）。而香港贸易发展局则认为生产者服务是由包括信息服务、中介服务、金融保险服务以及与贸易相关的服务等各类专业性服务所构成的。

从现有服务业构成的研究中可以发现，虽然学者是从不同的角度来对服务的具体构成进行阐述的,但这些服务都是一种中间投入而非最终产出,它们扮演着中间连接的重要角色,用来协助被服务方生产其他的产品或服务(吕政、刘勇、王钦,2006)。为此一些著名学者将生产者服务直接归结为中介服务,是为生产、研发和管理提供的服务,而这种服务具体包括房产中介服务、保险中介服务、科技中介服务等。

从对现有服务业文献的梳理中可以获悉,学界和业界在服务业概念的界定上达成了共识,并在服务业的类型划分和具体构成方面进行了多元化的探讨,并将研究焦点从过去只满足消费者需求转移到提升企业生产力、增加产业竞争力等方面。这无疑为未来服务业及其相关领域的研究提供了必要的理论支撑和经验指导。

二、科技企业孵化器服务的相关研究

科技企业孵化器又被称为企业创业中心,是通过提供一系列新创企业发展所需的管理支持和资源网络,帮助和促进新创企业成长和发展的经济发展手段或企业运作形式。孵化器服务作为科技中介服务中的核心构成之一,在推动高新技术产业的发展、孵化和培育中小科技型企业,以及振兴区域经济、培养新的经济增长点等方面发挥了巨大作用。故欲把握科技企业孵化器服务的核心所在,就首先需要了解科技中介服务的具体构成。

(一)科技中介服务的构成

科技中介服务是由创新顾问性服务活动、技术知识经纪活动、知识和服务的桥梁性供应活动等方面共同构成的,该角度强调对服务对象信息的收集和传播,以及围绕技术的服务增值活动的实施(马娇,2009)。科技中介服务在构建国家创新体系、降低创新创业风险、加速科技成果产业化进程中发挥着不可替代的关键作用,对于全面提高国家创新能力、加快企业发展转型、促进产业结构优化升级等方面具有十分重要的意义。鉴于此,学界分别从不同的角度对科技中介服务的构成进行了研究和探讨,其中较为经典的研究成果主要表现为以下三个方面。

1. 基于实施目标与宗旨的研究

对科技中介服务的研究较早始于对中介目标与宗旨的研究,其从中介的创建理念和行动目标这两个方面,来对科技中介服务的构成进行划分,如陈德权（2005）就以科技中介的行动目的和创建宗旨为维度将科技中介划分为非营利性科技中介服务和营利性科技中介服务，见表1-3。

表1-3 基于目标的科技中介服务类型划分

类型	界定
营利性科技中介服务	营利性科技中介服务主要指中介实行自主经营、自负盈亏，完全按照市场机制来实施的服务行为，政府主要通过创造公平竞争的环境条件促进其发展
非营利性科技中介服务	非营利性科技中介服务主要指以向社会提供公益性服务为宗旨，业务主要集中在难以取得相应经济回报的服务领域的科技中介机构，政府对其发展给予必要的扶持政策

2. 基于投资主体的研究

随着政府职能的转变以及企业化运作的逐步深入，单从营利性角度来从事的研究已无法满足业界对科技中介服务发展及认识的需要。为此部分学者开始从创办主体的性质和影响的角度来对科技中介服务的构成进行解析。如何正军（2006）根据投资主体和服务领域将科技中介服务概括为国际服务（由国内外机构创办并提供服务）、政府服务（由国家资助设立机构并提供服务）、区域服务（由地方政府出资并提供服务）、大学服务（由大学创办并提供服务）以及企业服务（由企业私人投资并提供服务）。

3. 基于服务职能的研究

考虑到企业专业化分工进程的加快，以及市场经济体制的逐步完善，学界和业界对服务的研究也逐渐向能直接产生效益的职能领域拓展，因此学术界开始更倾向于从科技中介服务职能的角度来对服务内部的构成进行探寻（常爱华、王希良、梁经纬，2010）。其代表性的研究成果主要分为七个部分：一是以提供技术信息和指导、技术咨询服务、技术人才培训、行业集体自律为主要职能；二是以提供技术创新信息、评估、预测、方案、策略等为主要职能；三是以技术交易代理为主要职能；四是以促进成果转化为主要职能；五是以提供成果转化所需金融服务为主要职能；六是以提供帮助确认科技成果为主要职能；七是以审查评价技术，并监督技术创新合法有序、公平公正进行为主要职能。

但在随后的研究中学者发现，科技中介各项职能效益的发挥更多的是依靠不同职能间的互动与合作，故而学术界部分学者开始在综合前期研究成果的基础上，从实施主体和服务领域相结合的角度将科技中介的服务构成归纳为生产力促进中心的服务、创业中心的服务、工程技术研究中心的服务、科技企业孵化器的服务（夏东平，2012），其中科技企业孵化器服务作为提高创业企业存活率,增强区域经济活力的来源,更是成为学术界研究的热点和焦点。

(二)科技企业孵化器服务的内涵、运行要素及构成

科技企业孵化器作为科技中介的核心构成之一,其在研发专利技术、孵育创业企业、提升区域经济活力、培养主导产业方面起着不可替代的作用。根据对现有科技企业孵化器文献的整理可获悉,目前科技企业孵化器服务的文献主要包括科技企业孵化器服务的内涵、构成、分类和服务等几方面。

1. 科技企业孵化器服务的内涵

学界对科技企业孵化器服务的界定主要从功能、载体和政府等视角来展开,见表1-4。

表1-4 科技企业孵化器服务的界定表

视角	界定	作者
功能视角	科技企业孵化器服务是指为初创企业提供共享空间、共享支持服务、专家意见、商业支持、网络支持的一系列行为的集合	巴萨卡、诺尔曼,2005;阿布笃等,2007
载体视角	科技企业孵化器服务是帮助创业企业成长的运营载体,是执行孵化机制的社会经济组织。孵化器服务是一个创新体系、运营工具、企业发展政策的引领行为	林强、姜彦福,2003;阿瑟顿、汉农,2006;哈克特、迪尔斯,2004
政府视角	孵化器服务是技术创新的政策工具,一种区域经济发展战略或企业的投资战略工具,通过政府在政策、法律上的制定与颁布来实现对创新企业的一种培育和管理	陈粟,2006;郑孝国,2006

虽然学界的研究人员从不同的视角对科技企业孵化器的服务内涵进行了界定,但科技企业孵化器服务的核心理念都彼此一致,始终表现为由科技企业孵化器所采取的各种服务活动及行为方式来实现对创业企业的有力支撑和管理。

2. 科技企业孵化器的运行要素

关于科技企业孵化器服务运行要素,国内外学者通常将其分为运行主体、运行客体、运行资源这几部分(于晓丹,2010)。

(1)运行主体——孵化器、政府、企业。

在科技企业孵化器方面表现为两个部分:一是科技企业孵化器与外界各

资源主体之间的知识交流与互动，将获取的各类知识和财富资源经过整合、适配，形成新的服务产品传递给在孵企业；二是科技企业孵化器将在孵企业的需求收集、整理后提供给服务资源主体。因此，科技企业孵化器自身就成为运行机制研究的基础及核心所在。在政府方面主要表现为公共服务的提供和专有性服务的供给，公共服务是指场地的配置、硬件设备的供给、物管人员的配给等，专有性服务是指孵化政策的出台、培育项目的设立、专业化人员的培训等。企业主要指提供专业性的服务企业，通过对创新企业进行专业性的服务供给，如战略的规划、研发的支撑、生产的协助等，来提升在孵企业的毕业率。

（2）运行客体——创业企业。

在孵企业是科技企业孵化器服务的对象，是服务的接受者。科技企业孵化器与孵化企业之间存在两层关系：一是孵化和被孵化关系，这是科技企业孵化器的内部关系，科技企业孵化器提供设备厂房和知识服务活动产品培育在孵企业，在孵企业在科技企业孵化器的孵化培育下逐步形成自己的竞争力，并向科技企业孵化器支付服务费用；二是伙伴关系，这是科技企业孵化器的外部关系，科技企业孵化器与孵化企业通过合作，实现为其他利益关系人二次服务的结构。因此，科技企业孵化器在运行过程中首先要面对的就是在孵企业。

（3）运行资源。

科技企业孵化器的各类运行资源也是科技企业孵化器的服务支撑体系，包括政府、大学、科研机构、企业、投融资机构和其他科技企业孵化器。其中政府是科技企业孵化器服务系统的重要组织者和缔造者，承担组织引导、资源配置、环境培育等工作。大学和科研机构是科技企业孵化器服务和企业技术创新的主要动力。企业主要是指科技企业孵化器外的其他活动企业，外部企业对于在孵企业来说既可以提供技术知识，也能提供成长经验。投融资机构则为在孵企业的发展提供各类金融活动技巧和资金辅助活动，是科技企业孵化器知识服务中不可缺少的资源环节。

对科技企业孵化器服务运行要素的研究可以表明，科技企业孵化器服务的实施分别会受到企业、政府、科技企业孵化器自身、资源等要素的影响，而且这些要素影响力和重要性会随着科技企业孵化器服务对象的改变，以及创业企业开拓方向的调整而发生变动。

3. *科技企业孵化器服务的构成*

在科技企业孵化器服务的构成方面，国外学者在对科技企业孵化器服务进行研究时更注重服务的属性，认为科技企业孵化器的服务是由有形服务和无形服务来构成的；而国内学者则更热衷于从服务的目的、服务的实施主体以及服务的功能等角度来阐述。

（1）国外科技企业孵化器服务构成的研究。

国外对科技企业孵化器服务类型的研究较为简单，主要将科技企业孵化器的服务内容划分为无形服务和有形服务两大类，见表1-5。

表1-5 国外科技企业孵化器服务构成分类研究

服务类型	服务内容	作者
无形服务	无形服务主要指科技企业孵化器提供的服务是以非物质形态商品为主要特征，其基于知识网络和信息平台来培育企业的组成部分。而这种孵化服务就是培训缺少某种机能的组织的教育过程，它涉及企业的范围已经发生变化：具体包括从给企业做高端的调研，到以不同的技术层次向新组织实体转移（文化的、艺术的、管理的）知识	马克西米利安·泽德德维茨，罗莎·格里马尔迪，2006
有形服务	有形服务是指科技企业孵化器提供与有形物品相关的各类服务，而这种服务是以培育新企业，帮助企业在初创期的生存、成长为目的的；在服务过程中除了提供办公设施服务、设备、灵活的出租外，还提供物业管理、设备维修、场地组建等相关服务	肖恩·M.哈克特，戴维·M.迪尔茨，2007

（2）国内科技企业孵化器服务构成的研究。

国内学者从营利和行为主体的角度讨论了科技企业孵化器的服务，主要包括以下几个方面，见表1-6。而且在对科技企业孵化器服务构成领域的研究中可以发现，国内学者要比国外学者更关注科技企业孵化器的服务内容，这可能由于国内科技企业孵化器服务还尚未完善，服务所涉及的领域还无法为创业企业提供全方位、有步骤的服务支持，难以实现服务效益的最终展现，故而国内学者寄希望通过对科技企业孵化器服务构成的探究来寻找未来国内科技企业孵化器服务的改进对策。

表1-6 国内科技企业孵化器服务构成分类研究

视角	服务内容	作者
营利增值的视角	科技企业孵化器的服务根据其自身目的可囊括为非营利性服务和营利性服务，其中非营利性服务主要通过提供公益性的社会服务来实现对创新企业的管理与服务；而营利性服务则主要包括基本服务和增值服务，其中基本服务主要包括出租办公空间、进行专利代理、从事工商与税务的管理事宜等，增值服务包括招聘专业人员来对孵化企业进行培训、建立交易平台来提供资源网络	李荣静，2011

续表

视角	服务内容	作者
行为主体的视角	基于此视角进行研究的学者认为，科技企业孵化器提供的服务主要由政府的服务行为和企业的服务行为构成。其中政府的服务行为主要指孵化的初级阶段所提供的非营利性服务，企业行为是以市场机制为准则，通过营利性服务行为的实施来实现孵化器的可持续发展	宋清、李志祥，2006；戴磊，2009；朱国华、姜林，2007
服务职能的视角	科技企业孵化器的服务主要包括以技术转化和完善职能为主的技术咨询服务、以信息交流和资源共享职能为主的信息服务、以管理优化和人员培训职能为主的管培服务，以及以专利申请和专利代理职能为主的知识产权服务	孙斌、王君，2012

（三）科技企业孵化器服务机制的解构

机制是指事物内部循环结构及其相互关系，目前学界对科技企业孵化器服务运行机制的划分主要从工作环境、运行主体和行为幅度等视角展开。

1. 工作环境视角

张炜、邢潇（2006）从科技企业孵化器触及的外部所处的服务环境出发，将科技企业孵化器的服务机制划分为激励机制、融合机制、适应机制；而郭韬、洪进、赵定涛（2012）从外部环境对科技企业孵化器的影响出发，将科技企业孵化器的服务机制划分为被动反应机制、联合作用机制、反馈变革机制。

2. 运行主体视角

李恒光等（2006）从孵化主体的活动与功能出发将科技企业孵化器的服务机制划分为决策及伦理机制、咨询和引导机制、融资和托管机制、风险和转化机制、人才及培育机制等。

3. 行为幅度视角

李林、王永宁（2010）从科技企业孵化器运行过程中的参与数量将科技企业孵化器的服务运行机制划分为个体运作机制、集体运作机制、专业集群运作机制、综合集群运作机制；郝利（2007）、李昕（2005）、张国梁（2005）从科技企业孵化器运行中涉足的领域范围将科技企业孵化器的服务运行机制划分为高校运行机制、企业运行机制、农业运行机制等。

由于国内科技企业孵化器发展还处于初级阶段，服务资源还较为匮乏，服务体系还尚未完善，对科技企业孵化器服务机制的研究更多的是由国内学者来展开的，其期望借助对科技企业孵化器服务机制的探究来挖掘科技企业孵化器服务的问题和症结所在。

（四）科技企业孵化器服务的特征

科技企业孵化器服务的特征主要表现为专业性、网络化和敏捷化等方面。

1. 专业性

科技企业孵化器服务的对象主要是处于雏形阶段的中小型科技企业，它们很多拥有亟待开发与转化的科技成果和项目，对科技企业孵化器的专业性要求高。不同类型和方式的创新、不同技术的创新、不同主体的创新对科技企业孵化器的专业性服务的具体要求也不同，包括对服务机构内部的专业化人才需求也不同（黄宇、黄雄伟，2010）。这些具有丰厚专业知识积累的人才能够为技术买卖双方提供专门的信息服务，从而降低技术交易成本，提高科技成果的转化率。

2. 网络化

网络对于科技企业孵化器和孵化企业都是一个能获得更多资源的有利平台，因为网络能帮助在孵企业得到资金和知识技巧、建立与其他企业的关系、形成新能力、进入新市场等。因此，科技企业孵化器提供的专业化工程网络对孵化企业绩效（如能力、促销、成本和风险）有积极的影响，甚至科技企业孵化器提供的内外部网络有助于孵化企业整合资源，构建战略联盟。

3. 敏捷化

科技企业孵化器的服务近来更关注于缩短客户的市场反应时间，提供更专业化的服务，把企业、技术和商业聚集在网络中，更仔细地监控企业，提供日常的运作支持、先进技术和管理经验。另外，科技企业孵化器是为促进或加速新想法、新概念、新商业的发现、确认和应用的一种动态的、市场驱动的、社会化及管理的过程。

在对科技企业孵化器服务文献的梳理和整理中可获悉，目前学界已对科技企业孵化器服务的内涵、服务的运行要素、服务的构成、服务的机制和服务的特征等方面进行了梳理，并从已有的研究中表明科技企业孵化器的服务会受到来自创业企业、政府、科技企业孵化器自身以及服务资源等要素影响；而现有科技企业孵化器服务的内容主要包括技术咨询、金融投资、信息共享、企业管理、人员培训以及专利申请和代理等方面，这些成果无疑为未来的研究提供了理论支撑和技术指导。

三、政府行为方式的相关研究

"政府"一词来源于希腊文，其意是"操舵"。戴维·奥斯本和特德·盖伯勒指出：政府是执掌，是按照一定规制建立起的组织机构系统。学术界常从两个层面上来理解实际运作中的政府：广义的政府是指以公共权力为名义而建立起来的所有国家机构；狭义的政府一般仅仅指国家立法、行政和司法三种权力机关中的一个，即政府行政部门。

政府行为的观点最早出现在1942年莱斯特的《政府管理与市场作用》一文中，其认为政府相关行为可以完善一部分市场机制，而这种机制的出现将有力弥补"市场失灵"所产生的不适应成本，促进政府调节和市场运行的完美结合。目前许多西方经济学家已从过去代替行为的研究向介入行为的研究过渡，而研究的领域也主要集中在新兴产业，研究的内容主要表现为政府行为产生的原因、行为活动的内容，以及行为的适宜度等方面。

（一）政府行为产生的原因

随着电子、信息、生物、新材料和新能源等新兴产业的发展和新的市场体系的建立，过去在传统产业上建立起来的政府完全介入机制以难以适应新时代的发展要求，需要政府选择适宜的行为介入，并配以必要的活动内容来加以弥补；而产生这种变化的原因主要来自以下方面。

1. 新兴产业的不确定性

由于新兴产业在技术、市场和企业组织等方面存在高度不确定性，其发展没有先例可循，没有完善的政策，也没有成熟的产业链，对市场调控的内容，如成本、收益、产品类型等因素的变化无法做出迅速的反应，易出现因感知不灵而导致的市场失灵，所以需要政府行为的选择及实施来培育新兴产业的市场感知能力，减少新兴产业的不确定性（陈洪转，2012）。

2. 新兴产业的外部性

新兴产业属于知识技术密集型产业，由于知识产品的公共属性，进入市场后很容易造成新知识和新技术的溢出和扩散，并在全社会范围内产生极为可观的经济和社会效益，具有很强的外部性。虽然知识产权服务要素的投入一定程度上避免了企业寻租，但因服务的层次不高、服务目标的不明确和服务体系的不完善，使得市场上仍大量存在"搭便车"的行为，为此需要政府合理行为的实施来提升知识产权服务的层次、明确知识产权服务的目标，完善知识产权服务的体系（何声贵、陈洪转，2012）。

3. 新兴产业的风险性

新兴产业一般处于产业生命周期的萌芽期，从构想到研究再到商品化、产业化，期间需要面临诸多风险，如技术风险、销售风险、资金风险等，而单靠市场机制的作用显然无法规避因各项风险所造成的不利影响，显然需要有政府行为的合理介入来帮助新兴产业增加抗风险能力，从资金、设备、人脉等方面资源的提供来减少新兴产业可能遇到的各类风险（李晓华、吕铁，2010）。

（二）政府行为的活动内容

根据对已有文献的归纳和总结可知，政府行为中所能表现出的主要活动内容可归结为以下几个方面。

1. 制定政策

首先，制定导入政策，鼓励高端人才和创新技术流入新兴产业，为新兴产业的形成创造条件；其次，制定规范政策，打造新兴产业的监控体系，防止侵权和寻租行为的产生；最后，设立目标政策，为新兴产业明确未来发展目标，引导其发展方向，以防止出现行为偏差。

2. 营造环境

政府要创造有利于新兴产业培育的环境和利益机制，拆除各种行政性壁垒和障碍，引导产业相关因素的形成和流动，逐步完善市场体系建设，打造有效的市场运作格局，保证新兴产业中形成的新产品能顺利地被市场接受。

3. 资源供给

政府要借助信息网络、社会资本为供求双方提供国内外最新的技术成果、研发设备、市场信息等资源，降低新兴产业发展中的资源不对称问题，必要时政府可通过服务基金的设立吸引外部专业化的服务机构为新兴产业提供各类高端服务。

（三）政府行为实施的适宜度

长期的实践经验已证明，不管是市场调节还是新兴企业都有其内在的缺陷和失灵、失败的客观可能性。政府通过引导发展方向、提供信息服务、进行监管协调，在一定程度上弥补了市场失灵所带来的缺陷。但政府行为在介入过程中，不是完全式的介入，仅仅是有限度的介入，且这种介入主要通过两种手段来权衡。

1. 交易费用的权衡

科斯定理指出，在交易费用不为零的情况下，不同的权利界定和分配，会带来不同效益的资源配置。如果交易费用不为零，企业或个人为避免因市场失灵所造成的问题往往需要承担高昂的交易费用，从而造成高额的发展成本。此时，政府介入不失为一种理性的选择，政府通过介入来节约或者降低交易费用，当政府的介入让交易费用正好归为零时，说明政府已达到合理的介入程度，无须进一步地介入。

2. 资源配置的权衡

在政府行为介入的过程中，市场在企业和机构培育成长过程中处于中心地位，政府的作用要以市场为导向来实现。市场是资源配置的杠杆，政府在杠杆一侧以资源投入的方式来给予行为的介入，另一边则通过市场的资源配置来弱化市场失灵所造成的不利影响，当杠杆处于平衡点时，政府介入则刚好达到适宜点，无须进行深入介入，否则会产生不必要的政府干预。

从对现有政府行为的文献梳理中可以获悉，目前学界主要从行为产生的原因、行为的活动内容和适宜度等方面来进行研究，并从已有研究中可知政府行为在实施过程中并不是完全性地介入，而是有限度地合理介入，是以明确介入对象的发展目标、提供介入对象的发展资源、完善介入对象的外部市场环境为目的而实施的介入。考虑到现行孵化器知识产权服务因为缺少合理的服务方向、缺乏足够的服务资源、缺失完善的服务市场体系而使得孵化器的知识产权服务效应难以凸显，亟须政府行为的合理介入来给予解决。为此，现有政府行为的研究成果无疑为孵化器知识产权服务中政府行为及其方式的研究提供了理论支持。

四、文献评述及问题的提出

现有文献主要分析了知识产权服务的内涵、构成、改进策略，以及科技企业孵化器服务的内涵、分类、特征和服务机制，这无疑为未来的研究提供了必要的理论基础。本书在总结前人文献的基础上，提出研究的科学问题。

（一）文献的评价

由国内外文献梳理可知，科技企业孵化器知识产权服务研究成果评价如下。

1. 知识产权服务

从现有的知识产权服务文献中可知，目前知识产权服务研究已从过去局限于知识产权申请、代理和保护等基础性服务方面，拓展并延伸至知识产权信息咨询（数据加工、数据平台建立、专利有效性分析等）、知识产权培训、知识产权商务（知识产权评估、许可、交易、融资、托管等）等高端领域，这些无疑为将来知识产权服务内容的升级，以及服务体系的完善提供必要的理论指导和借鉴。

2. 科技企业孵化器服务

学界已对科技企业孵化器服务的内涵、服务的运行要素、服务的构成、服务的机制和特征等方面进行研究，并从已有的研究中表明科技企业孵化的服务会受到来自创业企业、政府、科技企业孵化器自身以及服务资源等要素的影响,而现有科技企业孵化器服务的内容主要包括技术咨询、金融投资、信息共享、企业管理、人员培训以及专利申请和代理等方面,这些成果无疑为未来的科技企业孵化器知识产权服务研究提供了理论支撑和技术指导。但这些研究更多是从科技企业孵化器自身的角度来对服务进行探讨的,虽有文献从政府和企业参与的视角来对服务进行了解构,但这些成果都缺少系统性和逻辑性的分析,考虑到我国科技企业孵化器的服务还尚未完善,孵育体系的建设还处于初级阶段,服务资源还较为匮乏,迫切需要来自政府及其下属部门各类行为方式的支持与协助方能实现服务工作的顺利实施,同时中国科技企业孵化器80%以上都是由政府出资兴建的,因此从政府行为方式的视角来对科技企业孵化器的服务内容进行解析、服务机理进行归纳就成为未来学界所急需解决的一个问题。

3. 科技企业孵化器服务与知识产权服务

现有科技企业孵化器提供的服务有利于促进在孵企业技术创新,有利于帮助企业实现技术跨越,有利于培育企业未来的财富获取潜力,但面向在孵企业知识产权服务产品的供给还较少。但科技企业孵化器知识产权服务除了能通过知识产权咨询、检索和信息分析帮助在孵企业了解自身的技术等级、掌控必要的技术版图、实现自主创新能力的提升外,还能通过专利申请、代理和商标注册来获取各类知识产权资源,防止侵权行为的发生;同时还可借助知识产权资源的交易、转让增加在孵企业财富资本的来源渠道。因此,知识产权服务是科技企业孵化器服务的重要构成,是实现科技企业孵化器服务目的、提升在孵企业存活率、加速在孵企业毕业的重要推动力量。

4. 科技企业孵化器服务与政府行为方式

现有科技企业孵化器服务研究领域有关政府行为方式的探寻已有涉足,但这些探寻还只是政府主导下的技术转化、政策制定、场地供给等有限的内容,未从有限介入的角度来衡量政府行为方式的介入程度;而且这些行为方式在实施过程中都是单兵作战,并未从服务目标的确立、服务资源的供给和服务体系的设立等方面形成一个有序的行为体系,难以形成整体效应。对接《中国科技企业孵化器"十二五"发展规划纲要》,科技企业孵化器尤其是国家级科技企业孵化器作为集聚科技人才、培养中小科技企业的政府公共载体,其服务供给除了要依靠科技企业孵化器自身的资源来培养在孵企业自身核心技术的研发外,更需要撬动政府资源,通过市场机制来将技术成果转化为知识产权资源,并在此基础上构建有利于企业自身发展的技术标准、获取充裕的发展资源、缔造企业亟须的自主品牌,进而形成必要的外部竞争优势。

据此本书认为园区政府选择适宜的行为方式是提升科技企业孵化器知识产权服务水平的关键，要切实发挥科技企业孵化器的知识产权服务对在孵科技企业的促推作用、实现在孵企业核心竞争力的培育就需要政府行为方式的合理参与。

（二）问题的提出

现有科技企业孵化器知识产权服务及其政府行为方式的相关文献还较少，缺少系统性的解构和分析，主要问题表现为：

（1）科技企业孵化器服务中政府的角色研究还处于初始阶段，有关政府在科技企业孵化器服务中所扮演的角色还尚未明晰；

（2）从宏观层面探讨科技企业孵化器服务的文献较多，但局限于创新层面，虽有文献探寻了科技企业孵化器服务中的政府行为方式，但缺少系统性的解构，无法给科技企业孵化器管理者提供必要的理论指导和经验借鉴；

（3）从知识产权服务的角度来对科技企业孵化器服务中的政府行为方式进行的研究还处于雏形阶段，尚未给予深度解析。

据此，在对接《中国科技企业孵化器"十二五"发展规划纲要》和《国家中长期科学和技术发展规划纲要（2006—2020年）》目标的基础上，明确园区政府在科技企业孵化器知识产权服务中的角色定位、探寻科技企业孵化器知识产权服务的规律及本质，将有助于厘清科技企业孵化器知识产权服务中政府行为方式的具体内容。故本书首先以系统理论及技术创新理论、制度经济学为指导，以I（输入）—P（运作）—O（输出）理论为分析框架，探析科技企业孵化器知识产权服务及其政府行为方式的内涵和构成，运用探索性因子分析法，探寻科技企业孵化器知识产权服务及其政府行为方式的关键因子；接着解析科技企业孵化器知识产权服务中政府行为方式的作用机理，通过结构方程模型对科技企业孵化器知识产权服务中的政府行为方式作用机理进行实证检验；最后针对科技企业孵化器知识产权服务中"重前端研发，轻后端运用"的实情，从规划设立、资金投入、体系完善、方向转变等层面提出科技企业孵化器知识产权服务中政府行为方式的改进建议，为园区政府行为方式的完善提供理论依据。

本书讨论的问题如下：如何划分科技企业孵化器知识产权服务中政府行为方式的类型；怎样优化科技企业孵化器知识产权服务中的政府行为方式，并以此为基础提高科技企业孵化器知识产权的服务效能。

第三节 主要内容及方法

由于政府投资兴建的完全事业型科技企业孵化器在我国科技企业孵化器结构中占据了主体地位，为此本书以完全事业型科技企业孵化器为研究对象，对主要研究内容予以阐述，明确了研究的主要内容与方法及技术路线等问题。

一、研究的主要内容与方法

本书以完全事业型科技企业孵化器为研究对象，通过运用制度经济学理论、新公共服务理论等论述了研究的主要内容，接着简介了本文运用的主要研究方法。

（一）主要内容

1. 理论基础

基于技术创新理论来解析科技企业孵化器知识产权服务的内涵，并以"理念转技术—技术转权利—权利转财富"为研究主轴分析科技企业孵化器知识产权服务的核心构成；在新凯恩斯理论的指导下，借助聚类模型，探究在科技企业孵化器知识产权服务中政府的项目拉动、服务推动、政策驱动等行为方式，并以此为基础解析政府行为方式与科技企业孵化器知识产权服务间的关联性；在 IPO 模型的指导下构建科技企业孵化器知识产权服务中政府行为方式的理论框架。

2. 构成要素分析

借助文献梳理、专家访谈等方式，获取科技企业孵化器知识产权服务及其政府行为方式的基本因素测量选题；采用 SPSS 分别对科技企业孵化器知识产权服务及其政府行为方式进行探索性因子分析，并初步得到科技企业孵化器知识产权服务及其政府行为方式的关键因素。

3. 作用机理研究

探讨科技企业孵化器知识产权服务中政府的政策驱动、项目拉动、服务推动等行为方式对科技企业孵化器知识产权服务的作用机理；通过理论阐述及规律探寻，提出科技企业孵化器知识产权服务中政府行为方式的概念模型及研究假设。

4. 实证分析

借助 SPSS 软件和 AMOS 软件对概念模型及相关假设进行验证分析，分别验证并讨论政府行为方式与科技企业孵化器的技术孵育服务、权利申请服务和权项运营服务间的关系，为科技企业孵化器知识产权服务的效能提升，

5. 优化建议

以及政府行为方式的优化提供实证支持。

根据 SEM 模型的检验结果，提出科技企业孵化器知识产权服务中政府行为方式的优化建议。

（二）研究方法

本书采用理论研究与实证分析相结合、定性与定量分析相结合、宏观与微观分析相结合的方法，以科技企业孵化器知识产权服务及其政府行为方式为研究对象，坚持实事求是和具体问题具体分析的原则，在国内外相关研究成果的基础上，综合运用系统学、逻辑学和经济学等知识和方法进行探索和研究，探析其问题的成因，制定支撑科技企业孵化器知识产权服务中政府行为方式的优化建议。

1. 文献研究方法

广泛查阅国内外文献资料，跟踪了解科技企业孵化器知识产权服务及其政府行为方式的最新发展趋势，以获得新颖性、权威性和客观性的研究观点或结论。在收集、整理、分析现有文献的基础上，结合我国科技企业孵化器知识产权服务及其政府行为方式中存在的问题，确立本书的基本思路和整体框架，为进一步研究做好准备。

2. 系统分析方法

科技企业孵化器知识产权服务及其政府行为方式是一项涉及多领域、多主体和多环节的复杂系统工程，故本书采用系统论思想对科技企业孵化器知识产权服务中的政府行为方式进行系统分析，阐明各项服务内容与各项政府行为方式间的关系，为科技企业孵化器知识产权服务中政府行为方式的实施决策提供借鉴参考。

3. 定量研究

首先，运用 SPSS 对初始调研问卷进行探索性因素分析，以形成具有一定信度和效度的科技企业孵化器知识产权服务中政府行为方式的正式调研问卷；其次，运用 SPSS 和 AMOS 对调查结果进行分析，以验证本书提出的理论分析框架和假设，并对实证结果予以讨论分析。

二、技术路线

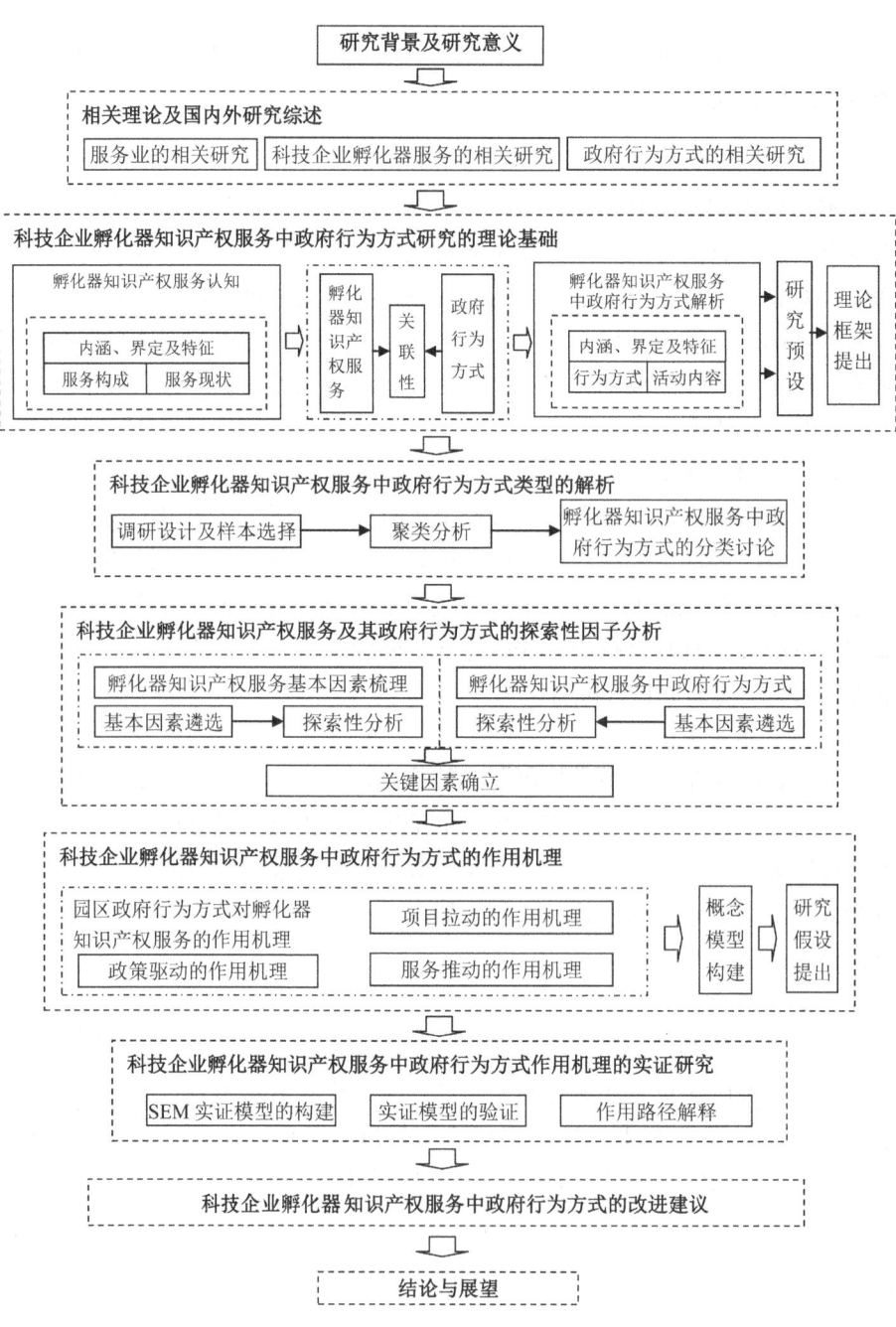

图 1-2　技术路线

第四节　创新点

本书在国内外相关理论研究成果和实践的基础上做出了探索，其创新点主要表现为在以下方面。

一、理论创新

本书以技术创新理论、制度经济学理论、组织行为学理论为指导，界定了科技企业孵化器知识产权服务及其政府行为方式的内涵，凝练了科技企业孵化器知识产权服务及其政府行为方式的特征；以在孵企业的不同发展阶段和园区政府的相关职能为划分维度，将科技企业孵化器知识产权服务的核心构成划分为技术孵育服务、权利引导服务和权项运营服务，将孵化器知识产权服务中的政府行为方式确立为政策驱动型、项目拉动型、服务推动型；运用投入产出理论中的 IPO（输入—运作—输出）模型，构建了科技企业孵化器知识产权服务中政府行为方式的理论分析框架。

二、应用创新

本书运用探索性因子分析法，凝练科技企业孵化器知识产权服务及其政府行为方式的关键因子，构建科技企业孵化器知识产权服务及其政府行为方式的评价指标体系；通过 SEM 结构方程模型对政府行为方式的作用机理进行验证，并根据验证结果解析科技企业孵化器知识产权服务中政府行为方式的问题及症结所在，为政府行为原有方式的改进提供应用指导。

第二章 理论基础研究

本章以技术创新理论、组织行为学理论为指导,探析了科技企业孵化器知识产权服务及政府行为方式的内涵,划分了科技企业孵化器知识产权服务中政府行为方式的类型;运用IPO理论模型,架构了科技企业孵化器知识产权服务中政府行为方式的理论分析框架,可为后续研究提供理论基础。

第一节 科技企业孵化器中知识产权服务的认知

"服务"一词最早可追溯到重农学派,其认为服务是指"农业生产以外的其他所有活动",而其他学派则对服务有不同的理解,例如:古典经济学派用"不生产有形产业的活动"表述服务的含义;管理学派认为服务是"满足组织或个体无形需求的活动",并将服务划分为传统服务和现代服务。而知识产权服务作为现代服务业的构成之一,其从诞生之初就定位于现代服务业的高端领域。

一、知识产权服务的内涵

知识产权服务作为知识产权产业化不可缺少的支持环节,其以提高服务对象的知识产权创造及运营能力为服务宗旨。

(一)知识产权服务的界定

面向企业的知识产权服务是从法律、经济、科技等角度,对企业知识产权创造、管理和运营等领域所做的总体安排和统一规划。该服务是以相关法律法规及行为规范为基础,以政府部门、中介机构、大中专院校、知识产权服务中心、行业协会等组织为服务主体,以科技企业、科研机构知识产权权利人或潜在权利人为服务对象,以知识产权代理、转让、评估、咨询、交易、许可、检索、质押融资、信息分析等服务活动为表现形式的服务集。

(二)知识产权服务的特征

知识产权服务具有服务内容的知识集成性、企业服务诉求的差异性、服务的高附加值性等特征。

1. 服务内容的知识集成性

与面向物质需求的传统性服务不同，知识产权服务更多地凸显为各类知识资源及其活动的集成。首先，知识产权服务运行的每一个过程，都需要有不同专业知识背景的专家和学者进行监督与管理；其次，知识产权服务有赖于对知识资源的配置与整合，通过对知识资源的集成利用实现知识产权服务的最终效益。

2. 企业服务诉求的差异性

与满足不同消费意向的消费者服务一样，知识产权服务也根据企业的不同需求，提供差异化的服务内容。对于销售类企业而言，需要获得处于基础层的法制保护类服务（如品牌、商标的保护）。对于研发创新类企业而言，需要高端层的管理运营类服务，通过对企业知识产权资源的整体规划实现企业从权利资源向财富资源的转变。

3. 服务的高附加值性

知识产权服务是一个集工、法、经、管于一体的交融性服务，且各项服务内容都紧密衔接、环环相扣。首先，知识产权服务表现为前期的战略目标设定及执行、中期的组织机构架设以及后期的人力资源培育及管理；其次，知识产权服务在服务内容上是多项服务（代理、申请、转让、质押、融资等）的集合，并不囿于单项服务，而是根据企业的不同发展阶段，有针对性地提供相应服务。

二、科技企业孵化器知识产权服务的内涵

经文献归纳发现，我国科技企业孵化器主要由完全事业型科技企业孵化器和非完全事业型科技企业孵化器构成（李林、王永宁，2010）。完全事业型科技企业孵化器作为政府的附属机构，可为在孵企业提供一般基础服务，包括专利检索和专利申请等，以保证在孵企业专利技术的创新和权利资源的索取。非完全事业型科技企业孵化器是由私人投资兴建，主要依托创建者自身的专业知识与技能，为在孵企业提供专利权融资和知识产权交易等高端商用化服务，以增加在孵企业的市场收益。

考虑到完全事业型科技企业孵化器在我国占据主导地位，本书以完全事业型科技企业孵化器为研究对象，通过对该类科技企业孵化器有关知识产权服务资源、服务组织、服务行为和服务人员等的实地调研，探析科技企业孵化器知识产权服务的内涵及其特征，解构科技企业孵化器知识产权服务的行为范式。

（一）科技企业孵化器知识产权服务的内涵

作为园区知识产权服务供给者之一，科技企业孵化器知识产权服务表现为运用法律、经济、技术等技能提升在孵企业知识产权竞争力。

1. 界定

科技企业孵化器知识产权服务是指以科技企业孵化器自身的服务资源为依托，以实现在孵企业技术创新及升级转型为指向，联动园区政府、行业协会和社会中介组织所施行的知识产权技术孵育、知识产权权利申请和知识产权权项运营等系列性服务活动的集合。

2. 特征

与其他科技中介的知识产权服务相比，科技企业孵化器知识产权服务以在孵企业知识产权创造、转化及运营为主线，围绕在孵企业的不同发展阶段所提供的不同服务内容。科技企业孵化器知识产权服务具有多主体性、多环节性和多层次性这三大特征。

（1）多主体性。

科技企业孵化器知识产权服务的供给主体主要包括科技企业孵化器、园区政府、科研机构、高等院校、社会中介机构等。其中科技企业孵化器是知识产权服务供给的核心主体，科研机构和社会中介服务机构是知识产权服务供给的辅助或支持主体，而园区政府则是知识产权服务的组织和推动者。它们通过资源吸纳、人才培训、政策引导等方式共同推动科技企业孵化器知识产权服务的有序运行。

（2）多环节性。

科技企业孵化器知识产权服务贯穿于在孵企业的知识产权创造、转化到运营的整个过程，具有多环节性。首先，科技企业孵化器对在孵企业的知识产权有效性做出判断，对企业的知识产权归属做出认定，即确权服务环节；其次，科技企业孵化器通过知识产权的申请和注册，实现在孵企业的权利保护，即维权服务环节；最后，科技企业孵化器通过知识产权质押、许可、入股等形式实现在孵企业知识产权资源的交易化和资本化，即用权服务环节。

（3）多层次性。

科技企业孵化器知识产权服务需要依照不同发展阶段在孵企业的不同诉求提供不同层次的服务内容，因此科技企业孵化器的知识产权服务还表现出了多层次性的特点，其既包含了一般性的公共服务，还包含了高端的专业服务。其中一般性的公共服务主要有专利申请和注册、商标保护等，而高端的专业服务主要有专利的预警、质押以及专利池的建立等。

（二）科技企业孵化器知识产权服务的内容

考虑到在孵企业的成长过程分为初创期（启动期）、成长期和成熟期这三大阶段（王新佳，2005），且在不同阶段的知识产权资源状态不尽相同，因此科技企业孵化器在提供知识产权服务时需要根据不同阶段在孵企业的知识产权服务诉求配以适宜的服务活动。根据对江苏、广州和上海等地科技企业孵化器的实地调研可知，目前我国科技企业孵化器的知识产权服务正从过去直接参与知识产权创造，向协助在孵企业实现知识产权转化及应用升级，并逐步向知识产权市场运营延伸。

鉴于此，本章将科技企业孵化器知识产权服务的结构模块解析为：从事技术研发、形成核心技术优势的技术孵育服务；从事专利申请、商标注册、提高知识产权资源存量的权利申请服务；以增加在孵企业收益、攀升产业价值链高端、提升知识产权运营能力的权项运营服务。

1. 技术孵育服务

技术孵育服务是科技企业孵化器提供给在孵企业最基本的创新转化服务，其目的是创造在孵企业获取知识产权资源的技术环境，即将"创新知识转化为技术"。在技术孵育服务时期，科技企业孵化器以直接实施人的身份首先对在孵企业所在技术领域进行必要的专利信息检索及分类，协助在孵企业了解该领域内其他企业的专利产品布局；接着科技企业孵化器凭借办公场地、研发资金、仪器设备和共性技术等服务资源的提供，减轻在孵企业的技术创新成本，推动在孵企业顺利将知识理念和技术构思转化为核心技术和有形的产品。

2. 权利申请服务

权利申请服务由业务服务和培训服务构成，其中业务服务的目标是提升在孵企业知识产权存量，即"将成果法权化"，主要表现为接受在孵企业的专利申请代理事务、企业商标注册登记等；而培训服务是通过组织培训提高在孵企业的知识产权保护意识，形成法权化的技术优势和市场占有优势。在权利申请服务时期科技企业孵化器首先依靠各项业务服务的引领，参与到在孵企业技术成果的法权化过程之中，实现在孵企业知识产权存量的稳步提升；接着依托教育和培训服务，强化在孵企业的自我知识产权管理和保护意识，引导在孵企业掌控自身所处技术领域的关键环节，及时把握自主专利的申请时机。

3. 权项运营服务

权项运营服务是科技企业孵化器对在孵企业知识产权资产的市场化利

用,其目的是服务于在孵企业已有的知识产权资源,实现其市场价值,即"法律权利变成企业财富",服务内容表现为给在孵企业提供知识产权评估、交易、转让和质押等资本运营服务。在权项运营服务时期科技企业孵化器首先对在孵企业的知识产权资产进行价值评估,让在孵企业了解已获知识产权资产的竞争态势;接着通过科技企业孵化器配备的公共信息平台和社会网络体系发部知识产权交易信息、创建知识产权营销渠道,帮助在孵企业及时将知识产权资产转变为市场价值。

三、科技企业孵化器知识产权服务的现况

由完全事业型科技企业孵化器的数据收集和实地调研可知,目前我国科技企业孵化器的知识产权服务内容主要强调增加在孵企业知识产权资源存量、增强在孵企业专利技术研发能力。

(一)科技企业孵化器知识产权服务的做法

科技企业孵化器希望通过知识产权服务,增加在孵企业的知识产权存量、加快在孵企业的技术转型升级。

1. 技术创新及资源的获取

通过实地调研可获悉,当前许多科技企业孵化器知识产权服务的核心领域主要集中在对在孵企业知识技术的创新及其知识产权资源获取等方面,即核心技术的研发及技术知识产权的申请和维护等一般性的技术孵育和权利申请服务上。例如,上海张江高新技术创业服务中心针对医药生物和IT技术,围绕专利技术研发和知识产权转化这两个目标,专门配置了以提升医药类在孵企业创新能力的医药研发合同外包服务机构(CRO)研发、标准实验室分测转化等技术孵育服务,以保证在孵企业的持续性技术创新;通过设立知识产权试点园区实行软件能力成熟度集成模型(CMMI)认证、软件著作权登记申请等知识产权申请服务,以带动在孵企业顺利地将技术资源转化为权利资源。

2. 重视服务平台的创建

创新平台的建立是衡量科技企业孵化器服务能力高低的重要依据。目前完全事业型科技企业孵化器日益重视对知识产权服务相关资源的投入,具体内容可展现为:硬件投资日益增加,国家在完全事业型科技企业孵化器的公共服务设施平台等硬件上的投资始终处于高位,从2009年的27.5403亿元,猛增到了2010年的40.7366亿元,对服务设施平台的持续性高位投资,为科技企业孵化器参与在孵企业核心技术的研发转化做出了必要支撑;软件配置日趋充裕,目前依托服务平台所配置的软件服务资源主要由创业导师、管理

技术人员等构成，其中创业导师从 2008 年的 67 人增加到了 2009 年的 120 人，创业导师的发展经验为科技企业孵化器知识产权资源识别和运营能力的提供创造了条件，而管理技术人员则从 2008 年的 6419 人增加到了 2010 年的 10 463 人，这无疑为在孵企业的技术创新服务提供了保证。

（二）科技企业孵化器知识产权服务的不足

虽然科技企业孵化器在知识产权服务资源上的投入日益增加，但科技企业孵化器在知识产权服务上的关注点始终侧重于企业专利技术的研发和技术成果的法权化，对于面向企业知识产权资产的商用化服务尚未给予足够重视。

1. 知识产权服务规划不到位

从科技企业孵化器规划的知识产权服务内容上看，我国孵化器现有的知识产权服务核心内容局限于对一般技术的研发及其专利的注册与申请等方面，只局部性地满足在孵企业对技术及其相关知识产权资源的获取意愿。而对于在孵企业成长期的深度高端服务诉求，如知识产权交易、转让、质押等权项运营商用化知识产权服务则未能予以供给。

2. 知识产权服务工作人员虚位

目前科技企业孵化器的知识产权服务工作体系尚未健全，其因孵化器内知识产权服务工作人员以一般性的技术工作人员为主导，只具备单项领域的技能，无法胜任多重领域的服务。像创业导师、专利代理人、专利投融资顾问等专业化高端复合型知识产权服务人员，尚无法通过市场机制给予解决，难以满足在孵企业的实际需要。

3. 知识产权高端服务缺位

我国完全事业型科技企业孵化器在高端权项运营类服务上的能力缺失，无法与前端的技术孵育服务、权利申请服务相配套，未能形成科技企业孵化器知识产权服务的链式服务效应，使得在孵企业无法通过对权利资源的市场价值回报以增加企业财富。

在服务规划错位、工作体系虚位、高端服务缺位等瓶颈的制约下，科技企业孵化器的知识产权服务内容无法满足在孵企业对知识产权服务的诉求，形成了知识产权服务市场运行机制的"失灵"，因此需要依靠园区政府行为活动的介入，弱化市场失灵产生的不利影响，完善科技企业孵化器的知识产权服务市场体系。

四、政府行为方式对科技企业孵化器知识产权服务的促进作用

由于知识产权服务市场失灵的出现，孵化器知识产权服务的顺利开展

在很大程度上就依赖于政府行为方式的合理选择及其行为活动内容的及时介入。园区政府所选择的行为方式除了会优化科技企业孵化器知识产权服务资源的配置外，还能引导科技企业孵化器的知识产权服务结构优化，完善科技企业孵化器知识产权服务的体系。

（一）促进科技企业孵化器知识产权服务规划转型

考虑现行科技企业孵化器的服务规划停滞在一般性申请注册类服务的提供上，高端化的权项运营类服务因服务专业人才的缺失和服务市场的失灵而较少涉足。这就需要园区政府通过服务项目的确定、服务平台的创建等行为活动间接引导科技企业孵化器知识产权服务内容的优化与改善。科技企业孵化器依靠专项政策的发布、服务战略的策划，转变科技企业孵化器的知识产权服务理念，培育孵化器树立高端运营类服务的意识。

（二）充实科技企业孵化器知识产权服务资源的基础

作为非营利的公共组织，目前我国不少科技企业孵化器缺少必要的知识产权服务资源，且服务体系欠完善，这使得科技企业孵化器难以借力市场机制作用弱化资源缺失所出现的不利影响。这就需要园区政府借助其丰富的社会资本和人脉网络，扶持科技企业孵化器引入外部专业化服务人员，撬动外部专业化知识产权中介服务机构参与科技企业孵化器的知识产权服务活动。

（三）培育科技企业孵化器高端知识产权服务的能力

专业化知识产权服务的供给能更好地发挥科技企业孵化器知识产权服务效应，让科技企业孵化器知识产权服务内容供给与在孵企业知识产权服务诉求相衔接。这需要园区政府通过服务政策的发布、优质服务资源的提供等活动，改善科技企业孵化器的知识产权服务基础，增加高端知识产权服务供给所占的比例，让孵化器在巩固数据加工、申请、注册等一般性服务的基础上，加快评估、交易、托管、投融资等权项运营高端服务的实施。

第二节 科技企业孵化器知识产权服务中政府行为方式的解析

科技企业孵化器借助园区政府的项目引导、资源辅助、中介导入等活动的有效实施，优化科技企业孵化器的知识产权服务结构、推进科技企业孵化器知识产权服务效能的稳步提升。

一、科技企业孵化器知识产权服务中园区政府行为方式的内涵

政府作为执掌公共权力的主体，是按照一定规则建立的组织机构，作为经济学和管理学共同使用的通用性规范概念，政府被理解为国家政权机关对社会、市场、企业及组织进行管理的机构总称（斯蒂芬·罗宾斯，2001）。

（一）政府职能的表现

政府职能是指园区政府在管理各项事务过程中所负有的职责和功能。作为完全事业型科技企业孵化器的核心，园区政府职能主要表现在宏观调控、微观协调、环境营造、资源配置、服务创新等方面（陈兵、徐顽强，2008）。园区政府通过对这些具体职能的履行，组织和维护孵化器的日常工作，管理孵化器的诸多服务内容，弥补因孵化器服务市场失灵而出现的各类资源缺口。

（二）政府行为的界定

根据已有文献的归纳和总结可知，政府行为是政府职能运行过程中的具体外化（柯武刚、史漫飞，2000）。园区政府若要有效地履行各项职能，就要依靠政府行为的顺利实施来得以实现；而政府行为的顺利实施，又要依靠一系列基本活动的有序开展得以落实（杨帆，2010；平刚，2011；莱斯特，2009）。

为此，本书将科技企业孵化器知识产权服务中的园区政府行为界定为：以培育孵化器内在孵企业的自主创新能力为主旨，以提升孵化器的知识产权服务能力为手段，以有效履行园区政府的各项服务职能为着力点，所从事的一系列基本活动的总和。

（三）政府行为方式的界定

在管理学领域，"行为方式"是行为主体在运作过程中所采取的形式和方法。通过对接园区政府知识产权服务的工作与实践可知，园区政府行为方式就是依靠各项基本活动的配比组合而构成的形式与方法，且不同配比组合的基本活动指向了不同的政府行为方式，并决定了园区政府在该行为方式作用下其职能所能达到的实现状况。

据此，本书将科技企业孵化器知识产权服务中的园区政府行为方式界定为：园区政府在对接国家及地区知识产权战略规划纲要、营造孵化器知识产权服务环境、配置孵化器知识产权服务资源、创新孵化器知识产权服务机制的基础上，根据不同基本活动的配比组合所构成的形式与方法，并通过对这些形式与方法的合理选择及实施，有效实现孵化器知识产权服务中园区政府的各项职能。

（四）政府行为方式的特征

根据实地调研可获悉，科技企业孵化器知识产权服务中政府行为方式具有以下特征。

1. 行为方式的动态性

园区政府作为科技企业孵化器的创建人，为了避免权力寻租及行政干预等不利现象的产生，不可能始终代替孵化器实施全部的知识产权服务内容。园区政府需要根据孵化器知识产权服务环境的变迁，及时调整自身的行为范式及内容。诸如武汉华工科技企业孵化器在提供专利研发、技术标准设立、软件著作权登记等知识产权服务的基础上，调整其行为导向，由单纯的政策法规指导转为从培育高端服务人才、设立专业化服务项目、健全知识产权中介服务参与机制等方面动态促进孵化器内在孵企业知识产权成果的转化及运用。

2. 行为方式的组合性

科技企业孵化器知识产权服务是一个复杂工程，其具有多主体性、多层次性和多环节性等特征，需要园区政府运用多种行为活动或组合方式，科学配置不同的行政资源，保证相关服务资源的有效利用。例如，园区政府在面向孵化器知识产权服务时更多的是以建立健全政策体系为基础，以加快建设公共服务平台、设立知识产权服务项目为抓手，以积极营造良好的知识产权服务环境为目标。

二、科技企业孵化器知识产权服务中政府行为方式的类型

目前学术界主要从政府的政治职能、经济职能、文化和社会职能的基础上研究不同政府行为方式中的活动内容。如柯武刚、史漫飞、肖文清和赵宇峰等将政府行为方式中的活动内容提炼为保护规范、生产配置、资源再分配、公共产品、外部机构引入、文化氛围缔造、监管维护等方面。

（一）知识产权服务中政府行为方式的具体活动内容

考虑到科技企业孵化器知识产权服务中的政府行为是园区政府相关职能的具体外化，其行为活动内容主要集中在科技企业孵化器服务的规范、公共产品的供给以及知识产权资源收入的再配置等方面。故本部分借助文献梳理法，将科技企业孵化器知识产权服务中政府行为方式的具体活动内容初步归纳为：政策发布、服务规划、组织支持、项目确立、财政辅助、平台建设、人才培育、税收减免、人员配置、政府采购、机构沟通、基金设立等，见表2-1。

表 2-1 政府行为方式的具体活动内容

政府行为方式	行为方式中的活动内容	作者
政策发布	园区政府面向科技企业孵化器知识产权服务颁布的政策包括专项政策和综合政策。其中知识产权服务专项政策是指调动科技企业孵化器服务积极性、增加在孵企业专利创新的奖励或扶持政策。而综合政策是指园区政府将财税、金融、补贴等系列性政策与知识产权服务有效衔接，引导服务资源向科技企业孵化器集聚	傅首清，2010
服务规划	知识产权服务规划确立是园区政府根据科技企业孵化器自身条件所决定的服务目标、所设立的服务方向。相应的规划将决定科技企业孵化器的知识产权服务流程，促进科技企业孵化器服务市场体系的形成，实现在孵企业的可持续发展	袁境，2013；程昱，2012
组织支持	科技企业孵化器知识产权服务涉及多个关联主体，园区政府需要设置专门的管理部门，投入专项的工作经费，配置专业的管理人员，构建面向科技企业孵化器知识产权服务的组织工作体系，对服务参与方进行统一的调度和管理。同时还要围绕在孵企业创新能力，整合各类创新资源，完善科技企业孵化器知识产权服务的创新体系	凌岚，2011；张锡宝，2005
项目确立	专项服务项目是园区政府根据在孵企业的服务需求，通过限定合理的时间、配置必要的资金、确立明确的服务目标，设立规范的服务机构，帮助科技企业孵化器更好地利用有限的服务资源、提供更合理的服务内容，实现科技企业孵化器知识产权服务效益和服务能力的双提升	赵黎明、卢珊，2013；余泳，2012
财政辅助	财政辅助是园区政府低价将设备、技术等服务资源提供给科技企业孵化器使用，利用"基础技术促进中心"等机构吸收科技企业孵化器外部的财源，向科技企业孵化器知识产权服务提供有条件的无息投资，通过设立专门的金融机构针对科技企业孵化器知识产权服务项目提供优惠信贷，以保证服务工作的顺利开展	李磊、王信东，2011；王海鸥，2011
平台建设	平台建设是园区政府为减少科技企业孵化器的知识产权服务成本，优化科技企业孵化器的知识产权服务结构，保证科技企业孵化器各项服务能正常运行的公共设施系统，平台建设的完善与否将在很大程度上决定科技企业孵化器的知识产权服务成效	卢章平、王晓晶，2012；高萍，2013

续表

政府行为方式	行为方式中的活动内容	作者
人才培育	园区政府为保证科技企业孵化器内有充足的知识产权服务人才，制定了相应的培训政策，以进一步发展科技企业孵化器的知识产权服务事业；同时资助有服务意愿的科研人员，设立"知识产权服务人员研究奖"，鼓励高水平的科研人员加入教育培训的行列，以为科技企业孵化器服务提供坚实的后盾	朱永征，2013；吴立涛，2012
税收减免	园区政府间接制定面向科技企业孵化器知识产权服务的税收条款，依靠降低服务税率或提高起征点，减免注册申请费、减少复审费、减免科技企业孵化器营业税费、延长税收的宽限期，增加科技企业孵化器知识产权服务的经济活动空间，提升在孵企业可配置的流动资金量	余泳，2012；罗明忠、万春，2011
人员配置	园区政府聘用专业服务人员弥补科技企业孵化器高端服务的缺失部分，完善科技企业孵化器的知识产权服务结构；同时让这些外部服务人员所实施的专业服务活动成为科技企业孵化器内知识产权服务人员的参考范式，间接培育科技企业孵化器自身的高端服务能力	方晓波，2011
政府采购	为了提升科技企业孵化器知识产权服务能力，园区政府在微观层面上有限度地介入到科技企业孵化器知识产权服务的经济活动之中，采用政府采购外部服务产品的方式，导入外部专业服务机构对科技企业孵化器知识产权服务活动的参与，形成内外服务活动互动的局面	胡小龙、丁长青，2011；鲍观明，2002
机构沟通	园区政府通过设立定期会谈交流机制，让科技企业孵化器与不同知识产权服务机构及其内部服务人员进行交流探讨，分享彼此所获取的知识产权服务心得和经验，为科技企业孵化器缔造一种积极的学习和交流氛围，以实现科技企业孵化器知识产权服务能力的自我提升	李杜，2009；李含伟，2007
基金设立	为调动外部机构参与科技企业孵化器知识产权服务的积极性，增强政府对科技企业孵化器服务活动的资金支持，园区政府设立专项服务基金，吸引外部专业服务机构参与到科技企业孵化器的知识产权服务活动之中，减少外部机构参与科技企业孵化器知识产权服务时所产生的各类服务风险，优化科技企业孵化器的知识产权服务体系	焦军利，2009；陈友强，2004

（二）知识产权服务中政府行为方式的聚类

借助 SPSS 软件对江苏 12 家完全事业型科技企业孵化器中的政府行为活动内容得分进行分层聚类（Hierarchical Cluster），其基本思想是如果分类正确则同类样本的离差平方和较小，类与类的离差平方和较大。在聚类过程中采用欧氏距离的平方作为距离度量描述样本之间的亲疏程度。

1. 聚类分析步骤

聚类分析步骤包括制定样本变量、制定个案变量、相似性准则选取、图表输出设置等方面，见表 2-2。

表 2-2 聚类分析步骤表

步骤	内容
制定样本变量	将 12 个科技企业孵化器知识产权服务中政府行为方式的样本值输入到 SPSS 的界面中，启动"系统聚类分析"对话框；然后将样本体系中的 12 个行为内容添加到"变量"栏中
制定个案变量	将需要被聚类的 12 个样本区作为个案变量添加到"标注个案"栏中，并在"分群"栏中选择"个案"，即施行 Q 型聚类分析，对 12 个样本区聚类
相似性准则选取	点击"方法"按钮，通过"平均链锁法"做小类间的距离计算方法，选取"欧氏距离平方"为 12 个样本区之间距离的相似度度量
图表输出设置	选择"统计量"对话框中的"相似性矩阵"项，显示各样本区的距离矩阵，同时点击"绘制"项，选择"树形图"输出以及聚类全过程的冰柱图输出

2. 概要结果表

SPSS 软件输出的第一个表格，用来描述聚类分析过程中所有数据的参与情况，见表 2-3。从表中可以看出，12 组样本区数据均进入了聚类分析过程，并且全部有效。

表 2-3 概要结果表

案例					
有效		缺失		总计	
数量	百分比	数量	百分比	数量	百分比
12	100.0	0	0	12	100.0

3. 距离矩阵表

从SPSS层次聚类分析各个样本距离矩阵表格,从输出结果文件中得出第二个表格,见表2-4。从中可以看出,此次聚类分析所得到的各个样本之间的距离,以及整个聚类矩阵所运算的情况。

表2-4 距离矩阵表

行为活动内容	政策发布	服务规划	组织支持	项目确立	财政辅助	平台建设	人才培育	税收减免	人员配置	政府采购	机构沟通	基金设立
A	0.391	0.289	0.004	0.163	0.649	0.019	0.585	0.632	1.143	2.264	0.391	0.289
B	0.261	0.193	0.003	0.130	0.324	0.038	0.585	0.316	1.143	2.642	0.261	0.193
C	1.044	0.289	0.034	0.325	1.297	1.517	1.317	1.263	0.571	0.377	1.044	0.289
D	0.783	0.386	0.025	0.976	1.297	1.422	1.171	1.421	0.571	0.377	0.783	0.386
E	0.522	0.289	0.017	0.650	1.460	1.422	1.317	1.263	0.571	0.302	0.522	0.289
F	2.609	4.627	1.729	2.602	1.297	1.517	1.463	1.263	1.143	1.509	2.609	4.627
G	1.565	1.928	0.067	1.626	1.135	1.327	1.024	1.263	0.571	0.755	1.565	1.928
H	2.087	2.892	0.084	1.951	1.297	1.422	1.171	1.263	0.571	0.226	2.087	2.892
I	1.044	0.289	0.017	0.976	1.135	1.517	1.171	1.263	0.571	0.302	1.044	0.289
J	0.783	0.482	0.013	0.650	1.297	1.327	1.317	1.263	0.571	0.226	0.783	0.482
K	0.522	0.145	0.003	1.138	0.324	0.190	0.439	0.316	2.286	1.509	0.522	0.145
L	0.391	0.193	0.004	0.813	0.487	0.284	0.439	0.474	2.286	1.509	0.391	0.193

4. 聚类树状谱系图

采用现代统计分析中的多变量数值分析方法(分层聚类分析)对观察量(Case)进行聚类分析,进而得到12家科技企业孵化器知识产权服务中政府行为活动内容的相关聚类分析图表。图2-1是聚类过程树形图(Dendrogram using Average Linkage),树形图表明每一步被合并的类及其系数值,且其将各类之间的距离转换成1~25之间的数值。表2-5是分类结果(Cluster Membership),是把样本企业合并成三类时各企业的所属类。

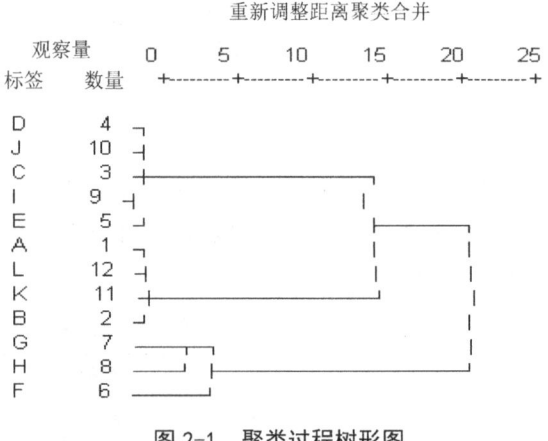

图2-1 聚类过程树形图

表 2-5 分类结果

案例	A	B	C	D	E	F	G	H	I	J	K	L
所属类	1	1	2	2	2	3	3	3	2	2	1	1

由 SPSS 软件的聚类解可知，分层聚类法将 12 家科技企业孵化器知识产权服务中的政府行为方式分为三类。其中 A、L、K、B 园区里的政府行为方式属于政策驱动型的行为方式，即园区政府通过政策资金的发放、政策条款的发布、政策规划的制定等减少机构的入驻风险；D、J、C、I、E 园区里的政府行为方式属于服务推动型的行为方式，即园区政府的行为以提供公共服务资源、加强人员培训为主；G、H、F 园区里的政府行为方式属于项目拉动型的行为方式，即园区政府的行为以设立项目、发布项目政策、建立项目组织为主。

（三）知识产权服务中政府行为方式的类型

根据聚类分析结果得出三大政府行为方式：政策驱动型、项目拉动型、服务推动型。

1. 政策驱动型

通过对 A、L、K、B 园区中政府行为方式相关资料的研析可知，政策驱动行为方式主要包含政策发布、服务规划、财政辅助等行为活动内容，具体可划分为孵化器知识产权服务政策制定和孵化器知识产权服务政策执行这两个核心构成，以实现对孵化器知识产权服务的激励和引导。其中政策制定是园区政府以优化孵化器知识产权服务能力为目标、以提升在孵企业知识产权竞争力为抓手所制定的相关政策，政策内容包含知识产权创造、运用、保护、管理、服务与人才培育等环节。而政策执行是园区政府以知识产权战略目标为导向、以各类项目和课题为支撑、以充足的服务资金为保障所展现出的执行政策能力，可从政策经费的充裕度、不同政策的协同度、政策条款的覆盖面等方面展现。

2. 项目拉动型

通过对 G、H、F 园区中政府行为方式相关资料的调研和分析可知，项目拉动行为方式主要包含项目确立、人员配置、机构沟通等活动内容，具体可划分为孵化器知识产权服务项目批准和孵化器知识产权服务项目执行这两个核心构成，以确立孵化器知识产权服务方向、规范孵化器知识产权服务内容、增加孵化器在知识产权服务过程中的可持续性。其中项目批准由项目评估和项目确立构成，项目评估主要分析知识产权服务项目的可实施性，保证服务项目能帮助孵化器提高在孵企业知识产权资源的创造和运用潜力；项目确立是明确高端知识产权服务目标，提升知识产权服务理念，保证科技企业孵化器在巩固原有一般性服务内容的基础上，积极涉入高端知识产权服务内容。而项目执行主要是保证较高发展潜力的在孵企业能顺利地融入科技企业孵化器的服务过程之中，通过服务组织设立和相应人员配置来实现企业与企业、企业与孵化器之间的沟通与协调，减少科技企业孵化器知识产权服务参与方间的利益博弈对在孵企业所产生的不利影响。

3. 服务推动型

基于对 D、J、C、I、E 园区中政府行为方式的相关资料研析可知，服务推动行为方式主要包含财政辅助、人员配置、平台建设、人才培育等活动内容，具体可划分为知识产权服务载体建设和知识产权服务人才培育这两个核心构成，以减少孵化器的服务成本、增加孵化器的服务基础。其中服务载体建设主要有专家信息平台、统计数据库、生产实验平台、交易平台等，考虑到载体平台的投资成本较高、生产周期较长，园区政府在很大程度上就成为该类资源的关键配置者和提供者。园区政府依靠人员配置和财政辅助等活动，加快孵化器知识产权服务载体的建设进度，夯实科技企业孵化器的知识产权服务资源基础，减少科技企业孵化器的知识产权服务成本。人才培育主要是为了强化对科技企业孵化器内部服务人员的培训及指导，通过培训班和交流讲座等载体的创设提升服务人员的高端服务能力，依靠知识产权代理人、知识产权工程师、知识产权策划人等资源的调入来强化孵化器的知识产权服务效率。

第三节　科技企业孵化器知识产权服务中政府行为方式的理论分析框架

基于科技企业孵化器知识产权服务的认知，以及科技企业孵化器服务中政府行为方式内涵的解析，本书以组织行为学理论、制度经济学理论、技术创新理论为指导，以 I（输入）—P（运作）—O（输出）的分析范式为研究主线，构建科技企业孵化器知识产权服务中政府行为方式的理论分析框架。

一、框架设计的理论基础

科技企业孵化器知识产权服务是一项复杂的系统工程，在服务中会涉及政府行为方式对园区政府多项职能要求的体现，故需要以技术创新理论、组织行为学理论和制度经济学理论为指导。

（一）技术创新理论

技术创新理论由熊彼特的《经济发展理论》系统提出，即创新就是一种新的生产函数的建立，实现生产要素和生产条件的新结合。其中著名学者的研究成果为：克里斯蒂森从企业知识本体论及能力本体论的角度出发，探索了技术创新能力的功能，把技术创新认定为开发新产品和新工艺的资源和能力；朱颖俊等人认为技术创新是一组能力的集合体，而且技术创新能力是综合能力所展出的网络结构。但随着时间的推移，学者对技术创新的研究逐渐从企业开始向政府转移，如有的学者就认为技术与众不同的一个特点在于它在很大程度上是以一个公共品的形式出现，发明其费用很昂贵，但复制它却很廉价，需要有国家的介入才能保证技术的顺利转移、扩散和增值；还有的学者认为技术创新是一个多方参与的过程，除了单个企业外，外部的政府、中介和科研院所都有可能涉足其中。

考虑到科技企业孵化器作为国家创新系统的辅助支撑要素之一，其知识产权服务的目的就是汇集不同的创新要素，实现在孵企业的专利创新，并在此基础上赢取市场版图。但科技企业孵化器自身能力的限制，以及外部市场客观环境所造成的人才及资源问题都使得科技企业孵化器无法施展创新服务功能，从而造成不必要的市场失灵。所以科技企业孵化器除了要培育在孵企业自身的创新能力集外，还要借助园区政府的影响力导入吸引外部中介、科研院所、社会团体等创新主体的共同参与。故而技术创新理论除了能更好地帮助本书探寻科技企业孵化器的知识产权服务内在规律，还能为科技企业孵化器知识产权服务中的其他部门提供必要的引导和支持。

（二）组织行为学理论

行为学是研究人们从事工作的心理活动和反应规律的一门学科，该学科可分为"宏观"和"微观"两大部分。其中宏观行为学主要由基础行为学和社会行为学构成，基础行为学是研究人类行为的基本规律，是表现人做了什么，它是最基本的行为理论知识；而社会行为学是研究社会群体行为的规律和后果，以及控制和监测的方法，以为群体管理者提供抉择依据。微观行为学由组织行为学和营销行为学构成，组织行为学是研究社会、中介、政府等组织机构的行为规律，揭示政府以及其他组织机构所实施行为的目的，并分析该类行为所表现出的合理性和适应性，其主要观点认为：组织行为学首先是设立组织目标，接着在目标的指引下制定组织行为实施的步骤，最后再配以相应的组织资源保证行为的有效实施；而营销行为学则是研究消费者行为规律，为市场规划提供依据。

科技企业孵化器知识产权服务中的政府行为方式是园区政府为了弥补科技企业孵化器服务过程中"市场失灵"所出现的各类缺陷而实施的辅助行为。组织行为学理论能够从不同层面帮助本书研究科技企业孵化器知识产权服务中政府行为方式的合理性和可嵌入性。首先从个体层面上,组织行为学能根据园区政府在科技企业孵化器知识产权服务中的直接性辅助行为(配置基础设施、建设服务平台、投放存贷资金)判断园区政府在服务认知策略和判断策略等问题上的合理性;其次在组织层面上,组织行为学能让园区政府在科技企业孵化器不同的服务环节背景下确立必要的服务目标,投入适宜的服务资源,并分析由园区政府引入的外部中介所采取的决策模式、活动结构和参与体制。

(三)制度经济学理论

制度经济学是把制定作为研究对象的一门经济学分支。它研究制度对于经济行为和发展的影响,以及经济发展如何影响制度的演变。该理论主要的观点有:科斯的边际成本理念运用"交易成本"这个概念解释制度存在和制度变迁的方式,使研究者可以解释整个经济活动在体制上的变化,帮助研究者理解制度为什么会存在、制度是如何发生变化,以及如何采用更经济的方式组织生产和交换活动、减少机会主义的产生;而诺思的制度变迁理念则认为在影响行为者决定、资源配置与经济绩效的诸多因子中,市场机制固然重要,但市场机制运行并非尽善尽美,因为市场机制本身难以克服"外在性"问题,这就需要对已有的制度结构进行调整,根据不同制度的不同政治和经济功能,对不同的行为主体做出合适的制度选择。

由于完全事业型科技企业孵化器的知识产权服务带有公益的特性,容易产生正外部效应,所以需要园区政府凭借健全高效的机制创设、合理有序的制度建立,协调沟通科技企业孵化器与各服务主体间的联系,减少其服务过程中的信息不对称及识别成本,弱化各主体间因利益博弈所产生的阻碍。同时园区政府通过资源配置、公共产品的生产以及激励条款的设立弱化科技企业孵化器知识产权服务瓶颈所产生的不利影响,将科技企业孵化器知识产权服务过程中所遇到的障碍减到最低,促进科技企业孵化器各项服务活动高效地展开,因此制度经济学理论将有利于本书更好地解析科技企业孵化器各项服务中的政府角色及定位。

二、研究预设

科技企业孵化器知识产权服务受到较多因子的影响，并有政府、企业、外部中介等多主体的参与。我们需对科技企业孵化器知识产权服务中的政府行为方式加以理论假设，以科学地探析服务中政府的行为方式。

（一）政府行为方式的合理配置可弱化市场失灵的不利影响

如今科技企业孵化器在知识产权服务过程中始终无法摆脱在资源及结构上的瓶颈，再加上高端服务效应的难以显现和服务成本的逐步增加，使得科技企业孵化器更愿意从事见效快且成本低的一般性服务内容，为此需要园区政府从过去政策指令型活动向服务推动型活动转变，依靠资源的协调配置弥补高端服务市场出现的服务"真空"。据此，本书假设科技企业孵化器知识产权服务中的园区政府行为方式是"辅助补充者"，凭借理性的干预、有限度的介入，依靠目标的确立、资源的调配、制度的创设等，培育科技企业孵化器的高端知识产权服务理念，充实科技企业孵化器的高端知识产权服务资源基础，补充因市场失灵所造成的服务缺失。

（二）政府行为方式的有效实施可提升园区整体创新效应

园区政府在科技企业孵化器知识产权服务中所选择并实施的行为方式，除了能夯实科技企业孵化器知识产权服务资源、优化科技企业孵化器知识产权服务结构、拓宽科技企业孵化器知识产权服务领域之外，还能有效提高在孵企业的专利技术创新能力，增强科技企业孵化器知识产权服务的创新牵引作用，促进园区服务体系更具服务集成效应。在本书的假设下，园区政府行为方式的有效实施能弥补孵化器知识产权服务资源的不足，能引导园区知识产权服务市场体系的健全和完善，以满足园区内企业创新能力提升的最终要求。

三、理论框架的设计

科技企业孵化器知识产权服务并不是一个孤立的活动，其对应的政府行为方式是在政府、企业、外部中介等多主体互动下实施的。故本书以技术创新理论、组织行为学理论、制度经济学理论为指导，以系统观和 IPO 模型为引领构建科技企业孵化器知识产权服务中政府行为方式的理论分析框架，详见图 2-2。

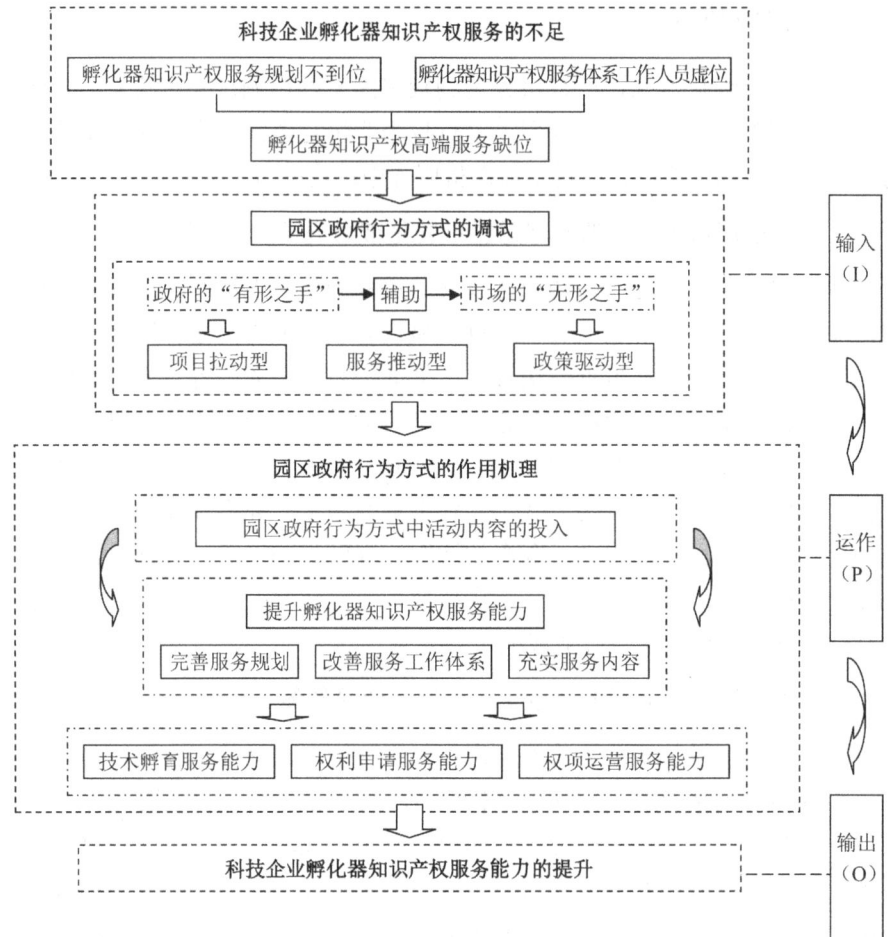

图 2-2 科技企业孵化器知识产权服务中政府行为方式的理论分析框架图

（一）科技企业孵化器知识产权服务中园区政府行为方式的选择

科技企业孵化器所实施的知识产权服务是根据在孵企业不同发展历程所提供的系列性服务，其由以提升在孵企业技术创新能力为目标的技术孵育服务、以增加在孵企业知识产权资源存量的权利申请服务、以扩大在孵企业资本财富范围的权项运营服务组成。而科技企业孵化器知识产权服务中园区政府所选择的行为方式，则包括明确科技企业孵化器服务目的和引导服务实施的服务项目设立、增加科技企业孵化器服务资源和优化服务结构的服务推动、减轻科技企业孵化器服务费用和扩大服务领域的政策驱动等方面。

（二）园区政府行为方式对科技企业孵化器知识产权服务的作用机理

机理是指整个系统组织或部分之间相互作用的过程和方式。本书旨在对科技企业孵化器知识产权服务与园区政府行为方式两者间的关系，从作用机理层面予以探析，分析了园区政府的项目拉动、服务推动、政策驱动等行为方式对科技企业孵化器知识产权服务的作用机理，并以此为基础构建了科技企业孵化器知识产权服务中政府行为方式的概念模型，提出了相关研究假设。

（三）科技企业孵化器知识产权服务中政府行为方式作用机理实证分析

通过对典型科技企业孵化器的实地调研和访查，对科技企业孵化器知识产权服务中的政府行为方式进行实证研究，探究政府行为方式对科技企业孵化器知识产权服务的作用路径，测度技术孵育、权利申请、权项运营与政策驱动、项目拉动、服务推动间的关系，探析科技企业孵化器知识产权服务与在孵企业知识产权竞争力之间的关联度，展现科技企业孵化器知识产权服务中不同政府行为方式的作用结果，以期为科技企业孵化器知识产权服务中政府行为方式的理论模型提供实证数据支持。

本章小结

（1）探究了孵化器知识产权服务的内涵，指以孵化器自身的条件和技术环境为依托，以实现在孵企业升级转型为引领，以知识产权有效融入在孵企业的技术创新及转化活动为主线，所实施的各项活动；并具有多主体性、多层次性和多环节性等特征。孵化器知识产权服务可解构为技术孵育服务、权利申请服务、权项运营服务三个模块。

（2）探究了孵化器知识产权服务中政府行为方式的内涵，指园区政府对接国家及地区知识产权战略规划纲要目标，在营造孵化器知识产权服务先决条件、引导孵化器知识产权服务资源配置、优化孵化器知识产权服务参与机制的基础上，所实施的规则、制度及政策等一系列活动内容的行为集；具有介入的适宜性、资源的辅助性和内容的补充性等特征。

（3）以投入产出理论中的"输入—运作—输出"模型为主轴，构建了孵化器知识产权服务中政府行为方式的理论分析框架。

第三章 科技企业孵化器知识产权服务及其政府行为方式的探索性因子分析

本章遴选科技企业孵化器知识产权服务能力及其政府行为方式的基本因子，设计科技企业孵化器知识产权服务能力及其政府行为方式的评价指标体系；旨在客观把脉科技企业孵化器知识产权服务能力与政府行为方式的运作状况，为科技企业孵化器知识产权服务中政府行为方式的改进提供定量化支持手段。

第一节 探索性因子分析的指导思想及原则

科技企业孵化器知识产权服务中的政府行为方式实施并不局限于对科技企业孵化器知识产权服务效能的提升，其更希望通过对科技企业孵化器服务水平的提升，强化在孵企业对知识产权资源的有效配置，实现从技术优势向权利优势、从权利优势向市场优势、从市场优势向财富优势的转变。故本文有必要对科技企业孵化器知识产权服务能力要素，科技企业孵化器知识产权服务中政府行为方式的构成因子进行深层次解析。

一、指导思想

本节以"促进园区政府从管控职能向服务职能转变，实现科技企业孵化器知识产权服务效能提升"为导向，将提升科技企业孵化器知识产权服务中的技术孵育服务能力为动力源、权利申请服务能力为手段、权项运营服务能力为目标，遴选科技企业孵化器知识产权服务能力的基本因子；同时以园区政府的政策驱动为辅助、项目拉动为引领、服务推动为主轴，遴选科技企业孵化器知识产权服务中政府行为方式的基本因子，进而以此为基础架构科技企业孵化器知识产权服务能力及其政府行为方式的关键因子表。

二、基本原则

为使遴选的基本因子能准确、客观地反映科技企业孵化器知识产权服务能力及其政府行为方式的现实状况，因子遴选除了应遵循科学性、系统性、前瞻性、操作性、可比性、动态性等基本原则之外，还要考虑以下价值导向。

（一）将知识产权服务要求与科技企业孵化器服务特色相结合

以强化科技企业孵化器知识产权服务能力为切入点，以积累在孵企业知识产权资源为指向，既遵循知识产权服务的目标和运作重点，又立足于科技企业孵化器服务的专有特色，充分挖掘科技企业孵化器知识产权服务中的人才、资金、技术和创新载体状况，充分考虑科技企业孵化器知识产权服务与其他中介知识产权服务的异同性，针对在孵企业面临的问题，研究改进思路。

（二）加强政府行为方式抉择与优化科技企业孵化器知识产权服务相结合

强化园区政府职能体系，解决政府的越位、错位等问题，明确政府在科技企业孵化器知识产权服务中的公共服务职能，加快推进管理型政府向服务型政府转变，并以此为引领使政府行为方式在科技企业孵化器知识产权服务中的配置更为合理，形成以管理促进服务、以服务改善管理的良性局面。

（三）强化科技企业孵化器内在孵企业的知识产权资源价值实现为导向

在关注科技企业孵化器内在孵企业知识产权创造的基础上，强化对知识产权资源的市场化运用增值能力：一是注重知识产权专利技术的实施效用，强调获得物质财富的价值回报效用；二是强化知识产权资源商用化运营理念，引导科技企业孵化器根据企业知识产权的价值特性，以许可、融资、交易等商用化形式运营知识产权资源，实现利益价值最大化。

第二节 访谈大纲设计及测量实施

由于国内外关于科技企业孵化器知识产权服务的研究文献还较少，对该服务内政府行为方式的探讨则更为有限。故而本节采用深度访谈法和专家甄别的方式提炼科技企业孵化器知识产权服务能力及其政府行为方式的测量题项。

一、访谈大纲的设计

访谈的具体方式可分为结构化访谈、非结构化访谈以及半结构化访谈三种类型。因访谈目的明确——探索科技企业孵化器知识产权服务能力及政府行为方式的测量题项，为后续的量化研究提供基础，同时访谈对象在科技企业孵化器知识产权的获取、转化和运营等方面有丰富的阅历，具有许多内隐的知识和观念，故采取既具有较强理论构思又具有灵活性的半结构化深度访谈法获取资料，通过追问式的访谈设计诱发其内隐知识的认知，并使其外显化。

为提高访谈的效果，本书首先于 2012 年 7 月至 8 月对某大学 MBA 学员进行了实验性的开发式访谈，遴选的受访谈者对《科技企业孵化器知识产权服务中政府行为方式的研究》有所了解，按照研究框架提出了更细致的访谈设计建议。其次，本书围绕"科技企业孵化器知识产权服务能力"和"科技企业孵化器知识产权服务中政府行为方式及其活动内容"两个范畴，设计了访谈提纲，后将访谈提纲交给从事科技企业孵化器服务能力研究的教授以及从事政府行为方式实施的实战人员审阅，通过与他们的交流再次对访谈提纲予以修改和完善。此可进一步提高访谈的有效性和针对性，使访谈能够提出更多、更切合实际的访谈问题。

二、访谈对象及实施

本章是涉及多主体、多领域、多环节的庞大而复杂的系统工程，受到诸多服务要素的影响，对选取信息提供者提出了较高的要求。本书认为受访者应至少满足两个标准：其一，受访者是关键知情人，对科技企业孵化器知识产权服务过程较为熟悉，能够掌握科技企业孵化器服务能力的相关信息；其二，受访者愿意将科技企业孵化器知识产权服务能力及其政府行为方式信息透露给研究者，以使研究者掌握科技企业孵化器知识产权服务能力和政府行为方式的实况。

在访谈时，研究者应首先阐明访谈目的，即探析科技企业孵化器知识产权服务能力及其政府行为方式的测量题项，然后解释这些资料如何使用，并承诺对受访者的谈话内容仅作为研究之用，无其他商业用途。为了保证对园区政府官员、科技企业孵化器服务人员、在孵企业管理人等人员访谈过程的流畅性和准确性，在征得被访者同意的情况下使用了录音设备。在录音的同时，还尽可能地做好记录，以弥补由于录音质量而导致的内容损失，也可形成后期对比，减少访谈信息的失真，进而能深度挖掘科技企业孵化器知识产权服务能力及其政府行为方式的访谈信息。每次访谈时间长度控制在 30 分钟至 90 分钟。访谈结束后，由参与访谈的博士和硕士分别进行访谈记录的整理，就信息不清楚、理解不一致的问题组织研究小组进行讨论，最终达成共识，将录音与原始记录逐字逐句整理成文稿，保证了资料整理分析过程的信度与效度，以期为内容分析提供更为翔实的证据。

三、基本因子的梳理

通过对访谈信息的归纳与整理，本章收获如下：其一，专家和企业人员认同科技企业孵化器知识产权服务能力及其政府行为方式的界定；其二，专家认同科技企业孵化器知识产权服务能力及其政府行为方式的划分维度；其三，根据政界、学界、业界的专家建议，调试、完善并形成了科技企业孵化器知识产权服务能力以及政府行为方式的基本构成因子。

(一)科技企业孵化器知识产权服务能力基本因子梳理

由于科技企业孵化器各项知识产权服务活动最终效益的形成是通过相应知识产权服务能力的有效施展体现的，"即通过服务能力的提升彰显服务活动的效益"，为此本书以技术孵育服务能力、权利申请服务能力和权项运营服务能力这三部分为支撑，根据文献分析，结合深度访谈，获得了科技企业孵化器知识产权服务能力的基本因子共47项，见表3-1。

表3-1 科技企业孵化器知识产权服务能力的基本因子汇总表

序号	基本因子	序号	基本因子	序号	基本因子
1	知识产权信息检索	17	科研院所介入	33	知识产权攻防策略设计
2	知识产权信息预警	18	高等院校介入	34	知识产权培训机构设立
3	专利技术分类	19	咨询机构介入	35	孵化器知识产权基础培训
4	专利回避设计	20	知识产权战略制定	36	孵化器知识产权专业培训
5	专利研发场地配置	21	知识产权战略实施	37	孵化器知识产权监管培训
6	研发设备配置	22	知识产权战略反馈	38	孵化器知识产权工程师培养
7	中试转化设备配置	23	技术专利权申请	39	孵化器知识产权执业人培养
8	研发资金投入	24	技术专利权保护	40	孵化器知识产权代理人培养
9	中试转化资金投入	25	原创专利保护	41	孵化器知识产权评估
10	外围专利技术引进	26	实用新型权申请	42	孵化器知识产权代理
11	外围专利技术研发	27	外观设计权申请	43	孵化器知识产权交易
12	失效专利技术应用	28	商标品牌注册	44	孵化器知识产权鉴定
13	研发人员配置	29	著作权申请	45	孵化器知识产权质押融资
14	核心技术研发	30	原创植物新品种保护	46	孵化器知识产权证券化
15	引进专利技术消化	31	已获专利信息分析	47	孵化器知识产权股权化
16	专利技术产品化	32	专利竞争态势分析		

将初步获取的科技企业孵化器知识产权服务能力的基本因子，采取深度访谈的形式先后与从事科技企业孵化器服务的从业人员、在孵企业的管理人员，以及某高校知识产权专家进行深入调研求证，依据学界、业界等专家的建议，对不利于调研对象理解的部分因子进行了调试和中性化处理，部分相关指标调整说明详见表3-2。

表 3-2 科技企业孵化器知识产权服务能力的基本因子调整表

调试前基本因子	调试情况	调试理由	调试后基本因子
专利研发场地配置	删除	许多科技企业孵化器自身的局限性使得该项资源更多由政府提供	
专利技术分类 专利回避设计	合并	指标分类过细，功能交叉不利于理解	专利分类及规避设计
研发资金投入 中试转化资金投入	合并	指标不易分类过细，难以分别获取	核心技术研发资金投入
外围专利技术引进 外围专利技术研发	合并	指标分类过细，信息难以获得	外围专利技术应用
研发设备配置 中试转化设备配置	合并	指标分类过细，在研发过程中已带有转化流程	研发设备配置能力
外围专利技术引进 引进专利技术消化	合并	指标分类过细，信息难以获得	外围专利技术应用
科研院所介入 高等院校介入 咨询机构介入	合并并转入政府行为基本因子内	该类机构单靠科技企业孵化器的影响力难以调动，需要政府的参与才能实现	
知识产权战略制定 知识产权战略实施 知识产权战略反馈	合并并转入政府行为基本因子内	战略制定更多是由园区政府实施	
原创技术专利权申请 已有原创专利保护 原创植物新品种保护	合并	指标分类过细，容易产生数据重复	原创技术专利申请
著作权申请	删除	无法有效反应本文领域的服务效率	
企业知识产权专业培训 企业知识产权监管培训	合并	知识产权专业培训与监管培训的界定还不清，无明确数据来源	在孵企业知识产权专业培训
企业知识产权工程师培养 企业知识产权执业人培养 企业知识产权代理人培养	转入政府行为基本因子内	在专业服务人员的培养方面，科技企业孵化器还暂时无必要的条件和手段，需要政府的介入才能实现	
已获专利信息分析 已获专利竞争态势分析	合并	指标分类过细，数据难以汲取	已获专利信息分析

本章根据调查结果与专家访谈意见，对于难理解的测量因子进行科学化与通俗化表述，删除并调整了测量因子中语言含糊和分类过细的指标，并对被调查者认为测量内容相近和含义模糊的指标进行归类。通过对科技企业孵化器知识产权服务能力基本因子的调整，本章形成三个层面共25个因子的最终调研指标，详见表3-3。

表3-3　科技企业孵化器知识产权服务能力构成因子汇总表

构成维度	构成因子
技术孵育服务能力 （10项）	知识产权信息检索
	知识产权信息预警
	专利分类及规避设计
	专利研发设备配置
	专利研发人员配置
	专利研发资金投入
	核心专利技术研发
	外围专利技术应用
	失效专利技术应用
	专利技术产品化
权利申请服务能力 （8项）	原创专利技术申请
	改进专利技术保护
	实用新型及外观设计权申请
	商标及品牌注册
	设立知识产权培训机构
	知识产权基础培训
	知识产权专业培训
	知识产权攻防设计
权项运营服务能力 （7项）	专利竞争态势分析
	知识产权评估
	知识产权代理
	知识产权交易
	知识产权质押融资
	知识产权证券化
	知识产权股权化

（二）政府行为方式的基本因子梳理

以园区政府的政策驱动、项目拉动、服务推动等行为方式为构成维度，结合文献分析、深度访谈和前文对科技企业孵化器知识产权服务能力基本构成因子的调整变化，共获得科技企业孵化器知识产权服务中政府行为方式活动内容的基本构成因子45项，见表3-4。

表3-4 科技企业孵化器知识产权服务中政府行为方式的基本因子汇总表

序号	基本因子	序号	基本因子	序号	基本因子
1	知识产权项目规划制定	16	知识产权援助中心建设	31	交易机构设立
2	专利人才引进政策颁布	17	知识产权服务法规	32	专利服务机构设立
3	科研项目经费政策颁布	18	知识产权服务战略	33	战略策划人引进
4	项目外围技术引进政策	19	行业协会建立	34	代理人及培训师配备
5	服务项目专利融资扶持	20	知识产权信息平台建设	35	知识产权工程师引进
6	服务项目专利贷款担保	21	知识产权专家数据库建设	36	创业导师引进
7	服务项目政策解读	22	知识产权统计数据库	37	外部中介服务机构引进
8	服务项目管控条例设立	23	知识产权专业市场	38	外部专业服务人员聘用
9	项目知识产权审查	24	知识产权服务联盟	39	专利服务产品购买
10	孵化器—企业联络员配备	25	生产试验平台建设	40	技术风险基金设立
11	行政管理人员配备	26	高技术研究实验室建设	41	专利贷款基金设立
12	法务专员配备	27	重大研发机构设立	42	专利技术及产品采购
13	服务项目方案规划	28	技术转移平台建设	43	项目企业入孵门槛设立
14	项目企业工作培训	29	代理机构设立	44	申请注册费减免
15	项目企业咨询提供	30	融资机构设立	45	试点示范奖励

同样对获取的科技企业孵化器知识产权服务中政府行为方式活动内容的基本因子，采取深度访谈的形式先后与相关科技部门的政府人员，以及知识产权服务专家进行深入调研求证，依据学界和业界的不同建议，对不利于理解的基本因子进行调整，部分相关指标调整说明详见表3-5。

表 3-5 科技企业孵化器知识产权服务中政府行为方式的基本因子调整表

调试前基本因子	调试情况	调试理由	调试后基本因子
专利人才引进政策颁布	合并	指标分类过细，难以进行全额定量统计，主要以创新服务为主	知识产权服务项目
科研专项经费政策颁布			
外围技术引进政策			
企业专利融资扶持	合并	指标太琐碎，无法单独获取其数据	知识产权服务项目
企业专利贷款担保			
科技创新项目设立	合并	部分指标内容出现重叠	知识产权服务项目执行
知识产权促进项目设立			
知识产权项目审查			
行政管理人员配备	删除	专有法务人员的配备还较少，难以统计	
法务专员配备			
孵化器—企业联络员配备	删除	该部分人员还较为稀少，其功能多为其他人员所代替	
知识产权援助中心建设	删除	部分功能已在设立的司法机关中出现	
知识产权项目司法保护	删除	指标太分散，且都是同步进行，功能也有部分重叠	
知识产权侵权行政保护			
行业协会建立	删除	对知识产权服务的影响较弱	
知识产权服务联盟	删除	无必要的统计口径，数据难以获取	
生产试验平台建设	合并	指标划分过细，单独考核意义不大	生产试验平台建设
高技术研究实验室建设			
重大研发机构设立			
技术转移平台建设			
代理机构设立	合并	指标设置理论上具有较强的考核意义，但数据提取难度较大	商用化平台设立
融资机构设立			
交易机构设立			
知识产权专业市场设立	删除	已设立数量较少	
教研人员引进	合并	部分功能重叠，分类意义不大	战略管理人引进
创业导师引进			
知识产权复审费减免	删除	需从相关的统计数据中剥离，但工作量较大	

本章根据调查结果与专家访谈意见，对于难理解的测量因子进行科学化与通俗化表述，删除并调整了测量因子中语言含糊和分类过细的指标，并对

被调查者认为测量内容相近的指标进行归类。通过对科技企业孵化器知识产权服务中政府行为方式构成要素的调整，本章形成三个层面共 24 个因子指标的最终调研指标，详见表 3-6。

表 3-6 科技企业孵化器知识产权服务中政府行为方式构成因子汇总表

构成维度	构成因子
政策驱动行为方式 （共6项）	知识产权服务战略制定
	知识产权服务法规制定
	知识产权服务标准设立
	知识产权服务资金配置
	知识产权服务人才配置
	知识产权服务设备配置
项目拉动行为方式 （共6项）	知识产权服务政策解读
	知识产权服务方案策划
	服务项目咨询提供
	项目企业工作培训
	项目企业沟通协调
服务推动行为方式 （共10项）	知识产权信息数据库建设
	知识产权专家库建设
	生产试验平台建设
	知识产权商务平台建设
	知识产权代理人配备
	知识产权工程师调入
	知识产权资产评估师配备
	知识产权战略策划人才配备

第三节 基本因子预调研分析

因科技企业孵化器知识产权服务能力及其政府行为方式多难以量化测定，即使是某些测量指标可以量化，但考虑到由于测量指标所需的数据可能会涉及调查对象的商业机密而得不到真实信息，故本章对变量的测度均采用李克特五级量表打分法予以处理。数字 1~5 依次表示从完全不同意（或不认可、低）向完全同意（或认可、高）过渡，3 为中性标准，以供受访者选择。在遵循问卷设计的原则、步骤的基础上，本章设计了预调研问卷，待调研问卷回收后，运用 SPSS 进行探索性因子分析，分别对问卷中科技企业孵化器知识产权服务能力与科技企业孵化器知识产权服务中政府行为方式进行因子降维、简化分析，以得到科技企业孵化器技术孵育服务能力、权利申请服务能力、权项运营服务能力以及项目拉动、服务推动、政策驱动的关键指标，为高阶验证性因子分析奠定基础。

一、描述性统计分析

2012年6月至2012年11月，本书对江苏省部分国家级科技园区内的工作人员、科技企业孵化器内的管理服务人员、在孵企业经营人员、科技企业孵化器专家等进行了访谈调研，顺利施放问卷67份，回收问卷61份，有效问卷51份，问卷有效率为76.1%。考虑到因子分析对样本数较为严苛，在部分情况下，对于最低的样本要求数要在50与100之间（小于50为不佳、50~100为一般、100以上为良好），故而本次调研回收的61份有效问卷刚好满足其要求。而样本基本特征则如表3-7所示，在访谈调研过程中，就问卷内容与设置征求了被访人意见，访谈人员对问卷可行性均表示认可，故问卷在内容上具有较高的内容效度。

表3-7 样本基本特征的分布情况统计表（N-112）

样本属性	统计分类	数量	百分比(%)	有效百分比(%)	累计百分比(%)
人员类别	园区政府工作人员	28	54.9	54.9	54.9
	孵化器外聘人员	12	23.5	23.5	78.4
	在孵企业经理人	11	21.6	21.6	100.0
性别	男	38	74.5	74.5	74.5
	女	13	25.5	25.5	100.0
学历	大专及以下	7	13.7	13.7	13.7
	本科	19	37.2	37.2	50.9
	硕士	17	33.3	33.3	84.2
	博士	8	15.8	15.8	100.0

二、探索性因子分析

探索性因子分析主要利用主成分分析法，采用最大方差法进行正交旋转，将特征值大于1作为因子提取标准。如果观察数据适合做因子分析，并且测量同一纬度的指标因子负载较大（通常需要高于0.400），同时这些指标在其他纬度上的因子负载较小（通常需要低于0.400），则表明该量表具有良好的内部结构，效度较高（黄赛男，2007；王重鸣，2001）。

在分析之前，应检验量表中各项指标间的相关性，即通过对样本进行

KMO（Kaiser-Meyer-Olkin）和巴特利特（Bartlett）球形检验。其中，KMO 样本充足度测度是用来检验变量间的相关性，KMO 统计变量的取值在 0 与 1 之间，若 KMO 值向 0 靠近则表示相关性较弱，反之越靠近于 1 则表示相关性较强，适合做因子分析。Bartlett 球体检验的目的是确定所测数据是否符合多元正态分布，若差异检验的 F 值显著，表示索取数据来自正态分布，可以做进一步分析。总的来说 Barlett 球体检验的卡方值显著性概率小于显著性水平时，即可作为因子分析。

分别将科技企业孵化器知识产权服务能力及其政府行为方式的样本数据输入 SPSS，得到分析结果如下。

（一）科技企业孵化器知识产权服务能力指标分析结果

因科技企业孵化器知识产权服务能力模块有技术孵育服务、权利申请服务和权项运营服务三大能力模块构成，故本章分别从这三个模块予以分析。

1. 技术孵育服务能力指标分析结果

首先对技术孵育服务能力的问项进行因子分析，其 KMO 值和 Bartlett 统计值的显著性概率见表 3-8 所示。

表 3-8　KMO 检验和 Bartlett 球形检验

取样足够度的 KMO 度量		0.731
Bartlett 的球形检验	近似卡方	219.711
	自由度	26
	显著性概率	0.000

由表 3-8 可知，技术孵育服务能力的 KMO 值为 0.731；巴特利特统计值的显著性概率为 0.000，小于 0.05。这说明变量之间存在着很强的相关性，非常适合做因子分析。同时 10 个变量的变量共同度除了专利分类及规避设计较低，信息丢失较为严重外（0.691），其他变量共同度都在 80% 以上，表明提取的因子已经包含了科技企业孵化器技术孵育服务的大部分信息，因子提取的效果比较理想。

故经研究认为，该因子分析结果具有较高的合理性和有效性，并根据旋转因子载荷的大小，经过梳理、排序提取得到 3 个主要因子及其构成因子，见表 3-9。

表 3-9 技术孵育服务能力的因子分析结果

因子	指标内容	成分		
		1	2	3
Fa1	知识产权信息检索	0.805	0.301	0.134
	知识产权信息预警	0.963	−0.715	0.300
	专利分类及规避设计	0.825	0.008	0.227
Fa2	专利研发设备配置	0.112	0.899	−0.124
	专利研发人员配置	−0.409	0.891	−0.119
	专利研发资金投入	−0.402	0.761	0.069
Fa3	核心专利技术研发	0.068	0.248	0.823
	外围专利技术应用	0.246	−0.252	0.842
	失效专利技术应用	0.156	−0.051	0.782
	专利技术产品化	0.106	0.217	0.856

因子 Fa1 由知识产权信息检索、知识产权信息预警、专利分类及规避设计三部分组成，鉴于其主要是为在孵企业技术研发做好前期的准备工作，帮助在孵企业顺利把脉自身的技术水准以及外部同类技术已有的水平，故将其命名为"知识产权信息利用技能"。

因子 Fa2 由专利研发设备配置、专利研发人员配置和专利研发资金投入三部分组成，考虑到这三部分是为在孵企业核心技术研发提供必要的支持，帮助在孵企业减少高昂的研发成本，故将其命名为"创新要素配置技能"。

因子 Fa3 由核心专利技术研发、外围专利技术应用、专利技术产品化和失效专利技术应用这四部分组成。其中外围专利技术应用和失效专利技术应用都是为了保证在孵企业核心专利技术的顺利获取，故将该因子命名为"专利技术挖掘技能"。

由克隆巴赫（Cronbach）内部一致性系数可知，技术孵育服务能力三个公因子的一致性系数分别为 0.714、0.733 和 0.765，累积解释方差达 74.153%。这表明，三个公因子的内部一致性较高，且该三公因子涵盖了原有测量指标 74.153% 的信息。

2. 权利申请服务能力指标分析结果

接着对权利申请能力的问项进行因子分析，其 KMO 值和 Bartlett 统计值的显著性概率如表 3-10 所示。

表 3-10 KMO 检验和 Bartlett 球形检验

取样足够度的 KMO 度量		0.697
Bartlett 的球形检验	近似卡方	187.439
	自由度	42
	显著性概率	0.000

由表 3-10 可知，权利申请服务能力的 KMO 值为 0.697；Bartlett 统计值的显著性概率为 0.000，小于 0.05。这说明变量之间存在着较好的相关性，适合做因子分析。同时 8 个变量的变量共同度都在 80% 以上，表明提取的因子已经包含了科技企业孵化器权利申请服务的大部分能力信息，因子提取的效果比较理想。

故经研究认为，该因子分析结果具有较高的合理性和有效性，提取并得到 2 个主要因子及其构成因子，见表 3-11。

表 3-11 权利申请服务能力的因子分析结果

因子	指标内容	成分	
		1	2
Fb1	原创专利技术申请	0.795	−0.103
	改进技术专利保护	0.803	0.314
	实用新型及外观设计权申请	0.772	−0.218
	商标及品牌注册	0.935	0.229
Fb2	知识产权培训机构设立	0.309	0.898
	知识产权基础培训	−0.102	0.755
	知识产权专业培训	0.068	0.798
	知识产权攻防策略	−0.117	0.812

因子 Fb1 由原创专利技术申请、改进技术专利保护、实用新型外观设计申请、商标及品牌注册这几部分构成，考虑到这些服务的核心目的是帮助在孵企业获取知识产权基础资源如专利、商标和品牌等，故将其命名为"知识产权获权服务技能"。

因子 Fb2 由知识产权培训机构设立、知识产权基础培训、知识产权专业培训、知识产权攻防策略这几大部分构成，由于孵化器这几项服务的目的是培养在孵企业的知识产权运用能力，提高企业的知识产权保护意识，故将其命名为"知识产权制度利用服务技能"。

由克隆巴赫内部一致性系数可知，权利申请服务两个公因子的一致性系数分别为 0.787 和 0.792，累积解释方差达 77.35%。这表明，两个公因子的内部一致性较高，且该两公因子涵盖了原有测量指标 77.35% 的信息。

3. 权项运营服务能力指标分析结果

接着对权项运营服务能力的问项进行因子分析，其 KMO 值和 Bartlett 统计值的显著性概率如表 3-12 所示。

表 3-12　KMO 检验和 Bartlett 球形检验

取样足够度的 KMO 度量		0.706
Bartlett 的球形检验	近似卡方	156.217
	自由度	13
	显著性概率	0.000

由表 3-12 可知，权项运营服务能力要素的 KMO 值为 0.706；Bartlett 统计值显著性概率为 0.000，小于 0.05。这说明变量之间存在着较好相关性，适合做因子分析。同时 7 个变量的变量共同度都在 75%~80%，表明提取的因子已经包含了科技企业孵化器权项运营服务的大部分能力信息，因子提取的效果比较理想。

故经研究认为，该因子分析结果具有较高的合理性和有效性，梳理并提取得到 2 个主要因子及其构成因子，见表 3-13。

表 3-13　权项运营服务能力的因子分析结果

因子	指标内容	成分	
		1	2
Fc1	专利竞争态势分析	0.748	−0.095
	知识产权评估	0.845	0.103
Fc2	知识产权代理	0.146	0.862
	知识产权交易	−0.084	0.764
	知识产权质押融资	0.137	0.823
	知识产权证券化	0.212	0.872
	知识产权股权化	−0.204	0.743

因子 Fc1 由专利竞争态势分析和知识产权评估这两项构成，孵化器的该两项服务主要是对企业已获知识产权资源未来态势的把脉，故将其命名为"知识产权预警分析服务技能"。

因子 Fc2 由知识产权代理、知识产权交易、知识产权质押融资、知识产权证券化、知识产权股权化这五部分构成，这些服务主要是帮助在孵企业顺利将获得的知识产权资源在已有的态势分析下，经过商务化的运作顺利地转变为企业财富，故将其命名为"知识产权商用化服务技能"。

由克隆巴赫内部一致性系数可知，权项运营服务能力两个公因子的一致性系数分别为 0.768 和 0.773，累积解释方差达 71.145%。这表明，两个公因子的内部一致性较高，且该两公因子涵盖了原有测量指标 71.145% 的信息。

（二）科技企业孵化器知识产权服务中政府行为方式的指标分析结果

因科技企业孵化器知识产权服务中的政府行为方式表现为项目拉动、服务推动、政策驱动三大类型，故本部分分别从这三个类型对政府行为方式及其活动内容予以分析。

1. 政策驱动指标分析结果

对政策驱动的问项进行因子分析，其 KMO 值和 Bartlett 统计值的显著性概率如表 3-14 所示。

表 3-14　KMO 检验和 Bartlett 球形检验

取样足够度的 KMO 度量		0.742
Bartlett 的球形检验	近似卡方	212.137
	自由度	21
	显著性概率	0.000

由表 3-14 可知，政策驱动行为方式的 KMO 值为 0.742；Bartlett 统计值的显著性概率为 0.000，小于 0.05。这说明变量之间存在着较好的相关性，适合做因子分析。同时 6 个变量的变量共同度都在 75%~80%，表明提取的因子已经包含了政策驱动的大部分信息，因子提取的效果比较理想。

故经研究认为，该因子分析结果具有较高的合理性和有效性，通过对因子载荷的分析、排序和提取得到 2 个主要构成因子，见表 3-15。

表 3-15　政策驱动的因子分析结果

因子	指标内容	成分	
		1	2
Gc1	知识产权服务战略制定	0.723	0.043
	知识产权服务法规制定	0.768	−0.312
	知识产权服务标准设立	0.808	0.235
Gc2	知识产权服务资金配置	0.213	0.772
	知识产权服务人才配置	0.744	0.871
	知识产权服务设备配给	0.213	0.772

因子 Gc1 由知识产权服务战略制定、知识产权服务法规制定和知识产权服务标准设立这三部分的活动内容构成，作为对科技企业孵化器服务的规范，

这三项政府行为活动更多地表现为园区政府借助服务战略的制定明确孵化器的服务目标，依靠服务法规的制定规范孵化器的服务行为，依靠知识产权服务标准的设立优化孵化器的服务行为。故将其命名为"知识产权服务政策制定"。

因子 Gc2 由知识产权服务资金配置、知识产权服务人才配置、知识产权服务设备配给构成，这三项皆由政府实施，通过资金及人才的配置减少孵化器的服务成本，加快孵化器的服务效益的体现。故将其命名为"知识产权服务政策实施"。

由克隆巴赫内部一致性系数可知，机构联动行为两个公因子的一致性系数分别为 0.804、0.781，累积解释方差达 78.422%。这表明，两个公因子的内部一致性较高，且该两公因子涵盖了原有测量指标 78.422% 的信息。

2. 项目拉动指标分析结果

首先对项目拉动的问项进行因子素分析，其 KMO 值和 Bartlett 统计值的显著性概率如表 3-16 所示。

表 3-16　KMO 检验和 Bartlett 球形检验

取样足够度的 KMO 度量		0.725
Bartlett 的球形检验	近似卡方	36.817
	自由度	27
	显著性概率	0.000

从表 3-16 结果可以发现，项目拉动的 KMO 值为 0.725；Bartletts 的显著性概率为 0.000，小于 0.05。说明项目拉动要素聚变样本的相关矩阵间有共同因子存在，适合进行因子分析。

但在对共同度分析时发现，项目企业入孵门槛设定的共同度才达到 0.356，（后对孵化器相关管理人员的二次访谈获悉，对企业入孵标准的设立已在服务规划和相关的政策中得以体现）应予以删除，其余指标均可保留见表 3-17。

表 3-17　项目拉动的变量共同度

指标内容	初始值	提取值
知识产权服务政策解读	1.000	0.756
知识产权服务方案策划	1.000	0.815
项目企业入孵门槛设定	1.000	0.356
服务项目咨询提供	1.000	0.826
项目企业工作培训	1.000	0.772
项目企业沟通协调	1.000	0.863

提取法：主要成分分析法。

舍去项目企业入孵门槛设定这项指标后再次进行共同度的检测分析，发现此时所有指标的共同度值均大于0.6，故可进行最大方差旋转因子分析。而分析结果如表3-18所示，经过旋转，这些因子的方差贡献已经发生了变化，但这些因子的累积方差贡献率并没有发生变化，依然是79.999%。

表3-18 项目拉动的特征值与方差贡献表

成分	初始特征值			提取平方负荷的总和		
	总计	方差比率（%）	累积方差贡献率（%）	总计	方差比率（%）	累积方差贡献率（%）
1	3.695	38.499	38.499	2.695	38.499	38.499
2	2.820	25.999	64.497	1.820	25.999	64.497
3	1.085	15.502	79.999	1.085	15.502	79.999
4	.609	8.696	88.695			
5	.327	4.677	93.372			
6	.319	4.559	97.930			
7	.145	2.070	100.000			

提取法：主要成分分析法。

将旋转后的因子载荷由大到小进行调整及排列得到表3-19，并从表3-19因子载荷阵中可以看出得到以下主要构成因子。

表3-19 项目拉动的因子分析结果

因子	指标内容	成分		
		1	2	3
Ga1	知识产权服务政策解读	0.783	−.054	0.154
	知识产权服务方案策划	0.837	0.003	0.086
Ga2	服务项目咨询提供	0.133	−.107	0.736
	项目企业工作培训	0.012	0.044	0.854
	项目企业沟通协调	−0.104	0.076	0.912

因子Ga1由知识产权服务项目政策解读和知识产权服务方案策划这两部分活动内容构成，作为政府对科技企业孵化器知识产权服务的规划和支持，将其命名为"知识产权服务项目获准"。

因子Ga2由服务项目咨询提供、项目企业工作培训和项目企业沟通协调这三部分活动构成，鉴于这些政府行为活动主要是为了保障并监督服务的有序进行，故将其命名为"知识产权服务项目执行"。

3. 服务推动指标分析结果

对服务推动行为方式的问项进行因子分析,其 KMO 值和 Bartlett 统计值的显著性概率如表 3-20 所示。

表 3-20　KMO 检验和 Bartlett 球形检验

取样足够度的 KMO 度量		0.802
Bartlett 的球形检验	近似卡方	35.477
	自由度	24
	显著性概率	0.000

由表 3-20 可知,服务推动的 KMO 值为 0.802;Bartlett 统计值的显著性概率为 0.000,小于 0.05。这说明变量之间存在着较好的相关性,适合做因子分析。同时 10 个变量的变量共同度都在 80% 以上,表明提取的因子已经包含了服务推动的大部分信息,因子提取的效果比较理想。

故经研究认为,该因子分析结果具有较高的合理性和有效性,提取并得到以下主要构成因子,见表 3-21。

表 3-21　服务推动的因子分析结果

因子	指标内容	成分		
		1	2	3
Gb1	知识产权信息数据库建设	−0.077	0.858	0.170
	知识产权专家库建设	0.128	0.834	−0.023
	生产试验平台建设	0.146	0.781	0.019
	知识产权商务平台建设	0.302	0.833	−0.211
Gb2	知识产权代理人配备	0.016	0.137	0.862
	知识产权工程师调入	0.132	−0.020	0.758
	知识产权资产评估师配备	−0.221	0.142	0.892
	知识产权战略策划人配备	0.079	0.346	0.806

因子 Gb1 由知识产权信息数据库建设、知识产权专家库建设、生产试验平台建设和知识产权商务平台建设这些活动内容构成,平台的高投入成本和高建设周期使得政府成为它的主要投资人和兴建人,故将其命名为"知识产权服务载体建设"。

因子 Gb2 由知识产权代理人配备、知识产权工程师调入、知识产权资产评估师配备和知识产权战略策划人配备构成。该类政府行为活动的目的是培育科技企业孵化器自身的知识产权服务专业人才,故将其命名为"知识产权服务人才培育"。

由克隆巴赫内部一致性系数可知,服务推动行为三个公因子的一致性系数分别为 0.761、0.754 和 0.776,累积解释方差达 75.24%。这表明,三个公因子的内部一致性较高,且该三公因子涵盖了原有测量指标 75.24% 的信息。

三、关键因子的确定

在上述深度访谈、探索性因子分析结果的基础上,本章最终形成了用于调研的科技企业孵化器知识产权服务能力及其政府行为方式的关键因子指标体系,分别见表 3-22 和表 3-23。精简后的量表在获得充分信息的前提下,有助于节省答卷人的填写时间和增加答卷人对调研指标的认同,提高本次调研问卷的回收率和有效率,使得调研的结果更加准确。

(一)科技企业孵化器知识产权服务能力的关键因子

在科技企业孵化器知识产权服务的评价指标体系中,可有机展现为一个层次分明、分组有序的因子构成表,见表 3-22。

表 3-22　科技企业孵化器知识产权服务能力的关键因子表

维度层	关键因子层	因子层
技术孵育服务能力（10项）	知识产权信息利用技能	知识产权信息检索
		知识产权信息预警
		专利分类及规避设计
	创新要素配置技能	专利研发设备配置
		专利研发人员配置
		专利研发资金投入
	专利技术挖掘技能	核心专利技术研发
		外围专利技术应用
		失效专利技术应用
		专利技术产品化
权利申请服务能力（8项）	知识产权获权服务技能	原创专利技术申请
		改进技术专利保护
		实用新型及外观设计权申请
		商标及品牌注册
	知识产权制度利用服务技能	知识产权培训机构设立
		知识产权基础培训
		知识产权专业培训
		知识产权攻防策略

续表

维度层	关键因子层	因子层
权项运营服务能力（7项）	知识产权预警分析服务技能	专利竞争态势分析
		知识产权评估
	知识产权商用化服务技能	知识产权代理
		知识产权交易
		知识产权质押融资
		知识产权证券化
		知识产权股权化

由表 3-22 可以获悉，本章将通过知识产权信息利用技能、创新要素配置技能、专利技术挖掘技能、知识产权获权服务技能、知识产权制度利用服务技能、知识产权预警分析服务技能、知识产权商用化服务技能七个关键能力因子测度科技企业孵化器的知识产权服务能力。

知识产权信息利用技能是指对在孵企业即将获得的各类知识产权资源进行前期的信息预测及分析方面的能力，通过必要的信息检索了解企业自身的知识产权处在哪个产业领域、哪个技术等级，再借助必要的信息预警服务帮助企业及时掌控外部同类型企业已有该类知识产权的层次，接着凭借专利分类和规避设计使在孵企业能有效地避免知识产权纠纷，缓解无畏经营成本的增加。

创新要素配置技能是指在孵企业在核心技术研发过程中的相关创新资源投入能力，可以帮助在孵企业减少运营和发展成本。科技企业孵化器内的在孵企业很多是以个人及项目的形式组建的，缺乏必备的仪器设备和研发资金，而科技企业孵化器则依靠自身已有设备的提供和部分研发资金的投入，保障在孵企业能将主要精力集中于关键技术的研发过程之中，在必要时还配以相应的研发人员以进一步促进企业技术的研发。

专利技术挖掘技能是指促进在孵企业核心专利技术的获取能力。在外部技术信息了解、内部研发要素投入的前提下，在孵企业即可进入关键的技术研发流程，此时科技企业孵化器将根据企业的自身能力和条件对在孵企业的研发活动进行一定程度的参与，同时将支撑核心技术效用发挥的外围技术进行应用和调试，突破外部大型企业对该类专利技术的垄断和控制，以保证在孵企业核心专利技术的快速获取，而当企业拥有自主核心技术的时候再对剩下的失效专利技术给予潜在价值的挖掘，判别其能否继续为企业的核心技术给予支撑，必要时可予以出售以增加企业的资金。

知识产权获权服务技能是指在企业获得核心技术的基础上，帮助企业汲取知识产权资源（如发明专利、商标、品牌等）的能力。在对知识产权资源的创造过程中，科技企业孵化器将在把握在孵企业已有社会资本和人脉网络的基础上，进行必要的发明专利、实用新型和外观设计权这类知识产权资源的申请，以防止外部竞争者的模仿和盗用；同时，对非核心类的改进技术进行必要的保护，以加强对已获技术的保护；最后，科技企业孵化器将协助在孵企业进行商标和品牌的注册，以为在孵企业的市场竞争增加砝码。

知识产权制度利用服务技能是指科技企业孵化器对在孵企业知识产权竞争能力的培养。由于在孵企业的趋利性和"搭便车"现象的存在，使得在孵企业希望科技企业孵化器能尽可能多地提供各类知识产权服务产品，而忽视了对自身知识产权竞争力的培育。因此需要科技企业孵化器设立专职的培训机构，制定必要的培训制度，鼓励在孵企业参加各类知识产权技能的培训，根据在孵企业的发展程度和技术等级，从一般的基础培训和高端的专业培训之间进行合理的选择与配给，并通过攻防策略的设计预测在孵企业所需要接受的培训内容。

知识产权预警分析服务技能是指对企业已获的知识产权资源的走势进行分析和了解的能力，以帮助企业制定更合理和更可操作的发展战略。由于市场的不断变化发展和技术的日新月异，科技企业孵化器知识产权技术孵育服务时期所获取的技术信息已经难以满足企业的发展需要，这时科技企业孵化器就要根据在孵企业获得的专利技术水准进行竞争态势分析，同时对已获得的知识产权资源等级和结构进行市场价值评估，以帮助企业了解已拥有的知识产权资源及其技术在市场中的地位和可能获得的收益。

知识产权商用化服务技能是指将企业的知识产权资源顺利转化为企业财富的能力。在顺利将企业的理念转化为技术、技术转化为权利的同时，科技企业孵化器就开始准备将权利转变为财富，但由于在孵企业自身缺乏必要的融资渠道、销售网络和客户群体，需要借助科技企业孵化器的社会资源帮助企业与外部商业群体相联结，再加上在孵企业缺少必要的融资经验和理财手段，需要科技企业孵化器主动对企业的知识产权资源给予商用化的运用，从知识产权的代理和交易，到知识产权的股权化和证券化，从多个层次调动企业知识产权商业价值的发挥。

（二）政府行为方式的度量表

政府行为方式中的因子体系可表现为系统性的布局，每一个方式维度都体现了该行为方式内的具体活动内容，见表3-23。

表 3-23　科技企业孵化器知识产权服务中政府行为方式的关键因子表

构维度	关键因子层	基本因子层
政策驱动行为方式（共6项）	知识产权服务政策制定	知识产权服务战略制定
		知识产权服务法规制定
		知识产权服务标准设立
	知识产权服务政策实施	知识产权服务资金配置
		知识产权服务人才配置
		知识产权服务设备配给
项目拉动行为方式（共5项）	知识产权服务项目获准	知识产权服务政策解读
		知识产权服务方案策划
	知识产权服务项目执行	服务项目咨询提供
		项目企业工作培训
		项目企业沟通协调
服务推动行为方式（共8项）	知识产权服务载体建设	知识产权信息数据库建设
		知识产权专家库建设
		生产试验平台建设
		知识产权商务平台建设
	知识产权服务人才培育	知识产权代理人配备
		知识产权工程师调入
		知识产权资产评估师配备
		知识产权战略策划人才配备

由表 3-23 可以获悉，本章将通过知识产权服务政策制定、知识产权服务政策实施、知识产权服务项目获准、知识产权服务项目执行、知识产权服务载体建设、知识产权服务人才培育这些关键因子测度科技企业孵化器知识产权服务中的政府行为方式。

知识产权服务政策制定是指园区政府通过制定必要的服务战略，明确孵化器知识产权服务的方向，依靠服务法规的颁布弱化孵化器趋利因子对服务的不利影响，通过服务标准的设立增加孵化器知识产权服务的可实施性。

知识产权服务政策实施是指孵化器依靠园区政府所提供的资金、设备和人才，充实孵化器知识产权服务的资源基础，减少孵化器知识产权服务过程中的投入成本，增加孵化器知识产权服务的可实施性。

知识产权服务项目获准是指园区政府部门作为知识产权服务项目的设立者首先对项目中的政策内容予以解读，以帮助在孵企业了解项目的内容和目的；其次通过服务项目实施方案的策划，增加项目的可实施性和可操作性。

知识产权服务项目执行是指在项目执行过程中，园区政府首先对在孵企业提供项目咨询工作，帮助孵化器引导在孵企业顺利融入项目的实施过程之中；其次，园区政府给在孵企业提供项目的培训工作，让企业能根据项目的实施步骤逐步推进知识产权能力的自我提升；最后，园区政府借助项目内的沟通协调，架设企业与孵化器、知识产权中介间的联系。

知识产权服务载体建设是指为科技企业孵化器知识产权服务提供各项支撑活动的载体平台，考虑到部分公共载体在建设周期上较长，对资金的要求也较大。所以为了能保证科技企业孵化器在知识产权创造和管理等服务行为上的流畅性，园区政府依靠生产试验平台的建设保证技术类服务活动的展开，通过数据库、专家库的建设汲取在孵企业的知识产权资源，依靠商务平台的建设推动在孵企业的知识产权财富化运作，实现在孵企业的资本存量提升。

知识产权服务人才培育是指园区政府依据科技企业孵化器知识产权服务的需求，借助其权威性和影响力从其他部门调入专业服务人才进入科技企业孵化器从事高端的知识产权服务活动，为科技企业孵化器其他服务人员提供参考范式。其中专利代理人主要提供一般性的法律培训，工程师提供技术研发类的服务、资产评估师提供信息类服务，而战略策划人则主要给予综合管理上的培训。

本章小结

（1）通过文献梳理、深度访谈、专家甄别等方式，获得了科技企业孵化器知识产权服务能力与科技企业孵化器知识产权服务中政府行为方式的测量题项。

（2）采用SPSS分别对科技企业孵化器知识产权服务能力与政府行为方式的测量题项的预调数据进行因子分析，系统地构建了7个科技企业孵化器知识产权服务能力的初阶因子（二级指标）与8个科技企业孵化器知识产权服务中政府行为方式的初阶因子（二级指标）。

第四章　科技企业孵化器知识产权服务中政府行为方式的作用机理

本章探讨了科技企业孵化器知识产权服务能力与政府行为方式间的关系，分析了科技企业孵化器知识产权服务中政府行为方式的内在作用机理，构建了科技企业孵化器知识产权服务中政府行为方式的概念模型，并提出相应假设。

第一节　科技企业孵化器知识产权服务中政府行为方式作用机理分析

孵化器在知识产权服务过程中相关问题的解决，需要园区政府适度的干预才能得以实现，园区政府可根据孵化器的不同服务阶段在"管理者""监控者"和"引导人"等角色中进行转换。园区政府部门通过选择适宜的行为方式（政策驱动、项目拉动、服务推动），配以必要的行为活动内容，以影响孵化器知识产权服务效能。

一、政策驱动行为方式的机理分析

孵化器知识产权服务中的政策驱动行为方式主要表现为政策制定和政策实施，如图4-1所示。

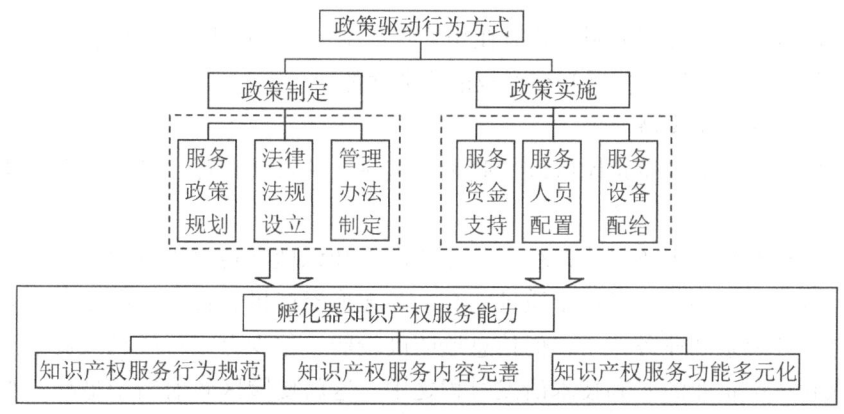

图4-1　政策驱动行为方式分析图

（一）知识产权政策制定与孵化器知识产权服务能力

目前，园区政府面向孵化器知识产权服务所设立的政策体系已初步建成，孵化器希望借助政府政策资源的挖掘利用，增加知识产权服务的功能，减少不必要的服务风险。

首先，园区政府制定的知识产权服务引导法规和服务办法，有助于为孵化器服务功能的拓展提供支持。尤其是已有的服务政策制度，在配合国家知识产权"十二五"发展规划的基础上，有力地推动了孵化器知识产权服务活动的开展，加快了在孵企业自主创新和自主知识产权的发展。同时园区政府通过有效监控孵化器知识产权服务资源和在孵企业知识产权竞争能力，出台一系列知识产权服务管理办法。诸如，北京和上海地区的孵化器作为全国孵化器知识产权服务工作开展较好的地区，有不少可借鉴的做法，北京星光工业园为园内骏一孵化器出台了《关于加快推进孵化器知识产权服务工作的意见》，上海杨浦创业孵化器出台了《关于知识产权服务活动改进实施意见》，这些法律法规的制定在服务流程改进、服务内容完善、服务风险规避等方面规范引导了孵化器知识产权服务的流程，营造了良好的孵化器知识产权服务制度环境。

其次，部分园区政府战略计划虽然未直接针对孵化器知识产权服务，但其主要内容措施和运作计划都包含了孵化器知识产权服务的内容，如"济南高新区511人才计划"、长春高新区"长白慧谷"英才计划提供高达几百万到几千万不等的人才启动资金，充分保证了先进人才的汇集。而上海杨浦创业孵化器所颁布的《孵化器知识产权服务战略准则修订意见》帮助服务人员更好地规划了未来孵化器知识产权服务的具体流程和实施方案。

（二）知识产权政策实施与孵化器知识产权服务能力

政策实施可表现为园区政府在相关政策制定的基础上，借助资金、人员、设备的配备，增加孵化器知识产权的服务效能。

1. 服务资金支持

服务资金的配备是园区政府政策实施体系的重要一环，可帮助孵化器规避在孵企业的成长风险。

在技术孵育服务阶段，在孵企业急需将知识理念转化为专利技术及其产品，可此时在孵企业可用于质押的有形和无形资产极为稀少，虽然有较为完备的财务记录和业务记录，但信息透明度较弱，很少有银行或私人资本愿意介入到在孵企业的专利技术研发过程之中。这就要园区政府给予足够的服务资金支持，以保证在孵企业能顺利渡过专利技术的研发期，避免因缺乏替代性资金来源而造成的财务困境。

在权利申请服务阶段，在孵企业以积累了一定数量的技术资本，开始构架未来的专利产品结构，但为加强已获技术的保护和防止外部竞争者的仿冒和盗用，孵化器开始从事知识产权获权服务以减少企业所遇到的侵权风险；而园区政府所提供的资金将直接调动孵化器从事申请类服务的积极性，增加企业的知识产权存量，并减少在孵企业的发展成本，实现企业技术向权利的转化。

在权项运营服务阶段，园区政府在服务资金上的投入能帮助孵化器及时招聘既了解市场运营、又懂得知识产权专业知识的复合型服务人才，为在孵企业专利产品的态势分析和已有知识产权资源的评估创造条件。同时必要的服务资金还能为孵化器架设社会资本桥梁，强化孵化器与外部专利代理、交易、融资等专业机构间的联系，提高知识产权商用化服务的能力。

2. 服务人员配备

园区政府在孵化器的知识产权服务过程中所配备的服务人员，能够强化"孵化器—在孵企业—园区政府"间的横向联系，缩减彼此间的联动距离。

首先，服务人员的配备会提高孵化器知识产权服务经验积累率，进而提炼出新的服务活动，最终影响在孵企业成长。因为服务人员是由不同资源和能力背景的人才构成，每个人员存在一定的异质性，服务人员间的异质性表示他们认知基础存在差异，能够搜集不同的知识产权服务信息，对在孵企业不同成长阶段的知识产权服务需求提供不同的解决方案和看法，这样就有利于孵化器对不同意见给予充分的讨论，对各种方案决策的利弊进行深入分析，从而凝练出最合理、最有效的知识产权服务方案。

其次，服务人员的配置也是对孵化器知识产权服务能力的必要补充，而不是单个人员的配给，是整个团队的提供。孵化器从事专业化的知识产权服务活动通常需要具备技术、法律和资本运作等方面的专利综合素质才能顺利推进知识产权服务活动的顺利开展，进而带动在孵企业的顺利成长。如果知识产权服务只由技术或市场单方面的人员组成，容易产生对孵化器知识产权服务的认识不到位，对服务必要性产生疑虑，无法根据孵化器已有的资源状况和在孵企业的实际需求提出适宜的服务对策，从而失去提供服务的最佳时机。

3. 服务设备配给

在孵企业很多情况下是以技术人员和隐性知识这类非物化型资源体现的，其所急需的正是利用各类配套技术设备将这些隐性资源转化为专利技术和有形产品。而且在现代服务业的发展过程中，知识关联度和技术依存度日益增强,单项技术设备的提供很难形成复合效应。园区政府必须综合配置知识产权服务相关配套技术,进行技术设备的集成服务,才能最终完成服务活动。

二、项目拉动行为方式的机理分析

项目拉动行为方式是园区政府提升孵化器知识产权服务能力的基本行为方式,该行为方式可分为服务项目获准和而且执行两个部分,如图4-2。

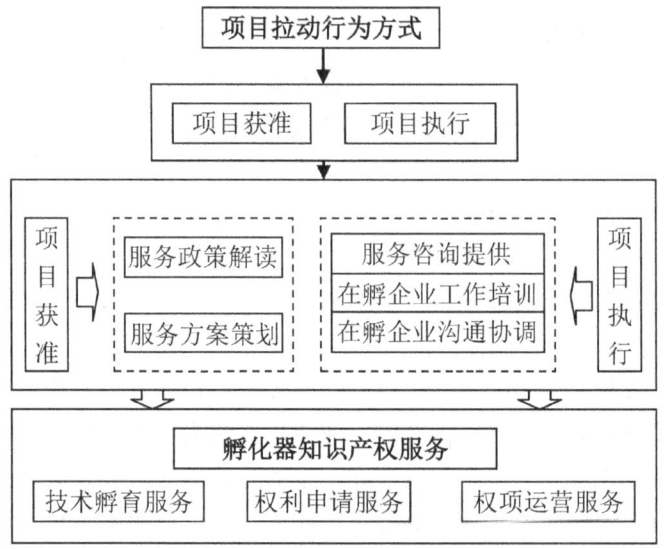

图 4-2 项目拉动行为方式分析图

(一)知识产权服务项目获准与孵化器知识产权服务能力

园区政府通过知识产权服务项目的政策解读和方案策划,为孵化器的知识产权服务带来明确的目标导向,减少孵化器服务的适应成本。

1. 服务政策解读

园区政府通过服务的政策解读,让孵化器了解服务项目实施的要求,明确服务项目所要达到的目的,让孵化器能根据在孵企业的技术布局及专利结构,决定未来孵化器在不同知识产权服务阶段中所要获得的服务效益。

在技术孵育服务阶段,园区政府对孵化器知识产权服务项目的政策解读能帮助在孵企业了解未来园区所关注的重点技术领域和方向,鼓励企业理性决策未来的知识产权发展规划,使得在孵企业合理调配自身技术条件及结构,赢取有利的战略地位。

在权利申请服务阶段,园区政府的政策解读能引导孵化器集中已有的知识、技术、经验和资金,以不断扩充在孵企业的知识产权资源存量,促进在孵企业将获得的有形技术及时转化为无形权利。

在权项运营服务阶段,园区政府的政策解读能帮助孵化器加速架构在孵企业与外部科技中介的联系平台,通过科技中介的知识和资金服务,帮助在孵企业了解现有市场动态,把握专利技术定位,根据市场变化调整在孵企业专利产品营销策略,进而获取专利竞争优势。

2. 服务方案策划

园区政府通过知识产权服务的方案策划,引导孵化器在不同的知识产权服务阶段配以适宜的服务内容,以实现在孵企业核心专利技术的保护和已获专利的市场前景的掌控。

在技术孵育服务阶段,园区政府服务项目的方案策划能帮助孵化器为在孵企业营造一种独有的隔离理念,具有阻止在孵企业竞争对手模仿的战略性作用,它可以保护企业有限的技术优势。该隔绝理念可以避免别的企业对自身专利技术优势的模仿而造成的竞争优势削弱,从而保护在孵企业因专利技术优势而获得的潜在经济利润。

在权利申请服务阶段,园区政府的方案策划能引领在孵企业从技术优势向权利优势攀升,增加在孵企业已获专利技术的技术垄断性,降低专利技术的替代可能性,减少在孵企业专利技术遭到仿制和侵权的可能性,提升在孵企业在一定时期内的专利领先优势,汲取未来相关市场运营的主动权,形成企业知识产权竞争优势。

在权项运营服务阶段,园区政府的方案策划能协助在孵企业认清已有专利资源的未来市场前景,对在孵企业知识产权能力的发展有重要提示作用。因为在孵企业知识产权能力发展过程中存在诸多障碍及风险,必要的方案策划能让在孵企业认清这些障碍形成的本质,更好地准备应对策略,减少未来所能遇到的发展阻力;同时合理的策划方案还能增加在孵企业专利产品的市场适用面,增加企业对已获专利的市场判断,提升在孵企业的知识产权市场运营能力。

(二)知识产权服务项目执行与孵化器知识产权服务能力

园区政府在孵化器知识产权服务项目实施过程中,通过项目的咨询、企业间的培训等内容,增加在孵企业对知识产权服务的认可度,提升在孵企业对孵化器服务的适应能力。

1. 服务咨询提供

园区政府在知识产权服务项目实施前提供必要的服务咨询内容,帮助在孵企业确认所获专利的有效性,了解已有专利的技术性。

在有效性方面,借助专家认证和评定分析已获得的企业专利是处在审批、终止阶段,还是恢复阶段,把脉该项专利资源是否还处在有效范围之内。因为如果企业专利有效性存在问题,则后续知识产权权项运营服务内容(质押、融资、偿债、转让等方面)都将遇到一系列关联问题,严重影响孵化器知识产权服务效能的实现。为此对专利有效性的咨询将保证在孵企业专利的先进性和创新性,防止潜在专利诉讼等问题的出现。

在技术性方面,园区政府的咨询服务将帮助孵化器对在孵企业的技术特征、权利强度、替代技术出现概率等方面进行综合衡量,引导孵化器对那些专利有效期长、权利强度高、替代技术较少的专利给予重点关注。因为只有技术含量高、权利属性强的专利资源才能为在孵企业带来较高的市场发展潜力,延长在孵企业的市场竞争优势期。

2. 在孵企业工作培训

园区政府在执行项目期间给予在孵企业的工作培训,将有力提升在孵企业的适应能力,通过产权意识的培养、能力缺陷的弥补和发展成本的减少,帮助在孵企业更好融入孵化器知识产权服务的实施过程中。

在培养产权意识方面,园区政府通过培训工作的展开,帮助在孵企业形成良好的知识产权理念,引导孵化器将有限的服务资源投入在孵企业的知识产权关键领域,充分调动企业的知识产权资源索取意识。

在弥补能力缺陷方面,园区政府在企业管理者认清自身知识产权能力局限所在的基础上,通过定点培训帮助在孵企业解决研发、申请和运营过程中所出现的各类问题,促使其获得较快发展。

在减少发展成本方面,园区政府依靠工作培训直接让在孵企业掌握知识产权的研发、应用等技能,减少这些技能的中间索取成本,促进企业知识产权应用能力的快速提升。

3. 在孵企业沟通协调

园区政府在项目实施期间展开必要的沟通协调,在了解在孵企业服务需求的基础上,给在孵企业架设通往中介服务机构和孵化器的沟通桥梁,为吸纳各类知识产权服务资源创造条件。例如,济南高新技术产业开发区为缩短孵化器与在孵企业之间的距离,专门设立的知识产权互动组,为彼此间的沟通和协同创造了便利。

三、服务推动行为方式的机理分析

园区政府服务推动行为方式除了有提供创新载体的建设外,还有依靠服务人才的培育提供高端软性服务,见图4-3。

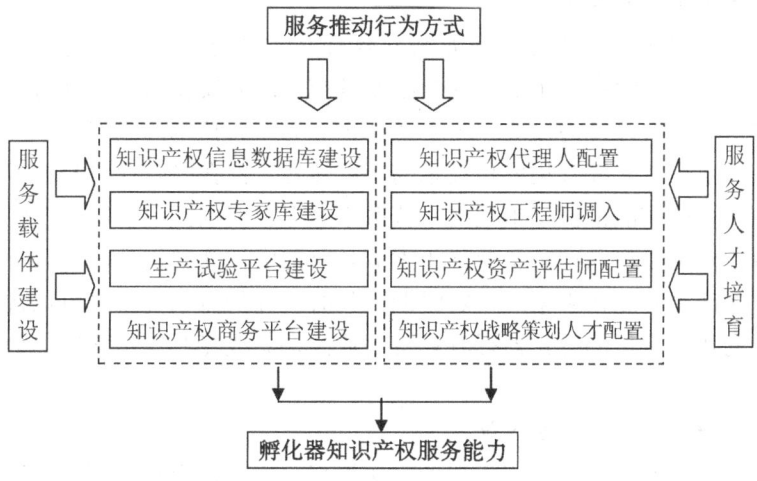

图 4-3 服务推动行为方式分析图

（一）知识产权服务载体建设与孵化器知识产权服务能力

园区政府通过公共服务平台功能的发挥，保证孵化器知识产权服务资源和信息的顺畅流动，实现对企业知识产权的前期分析、中期把脉和后期管理。

1.知识产权信息数据库建设

知识产权信息数据库是用于收录孵化器内在孵企业的专利申请、专利授权、专利量等法律和技术信息的，完善的知识产权信息数据库能为不同层次的在孵企业提供知识产权信息服务。首先，园区政府创建的数据库是在各类应用系统和软件工具开发的基础上，充分利用互联网信息集成技术、检索分析技术，将知识产权文献数据、非专利科技文献数据充分整合；其次，利用先进的应用系统和工具创建便捷的检索、分析和服务环境研究，为孵化器实施的技术孵育服务提供前期准备的知识产权情报和检索服务，为孵化器后期运营服务提供知识产权市场信息，以此保证服务效能的稳步提升。

2.知识产权专家库建设

知识产权专家库建设的目的是收集各类知识产权专家的信息，主要内容包括专家从事的研究领域、研究内容、创业经验、社会网络关系等。专家的知识和经验对孵化器知识产权服务能力的完善和在孵企业的知识产权竞争力的快速成长有重要影响。美国知识产权专家科隆博于2005年的实证研究证明，孵化器专家数据库内专家人力资本特征的表现，是在孵企业快速成长的关键驱动力，专家的受教育程度、以前的服务经验都对在孵企业起着重要的引导作用，尤其是专家的知识产权运营经验直接影响着孵化器的知识产权服务战略和在孵企业知识产权发展的成长路径。

3. 生产试验平台建设

生产试验平台的作用是满足孵化器在技术孵育服务时期的创新要求，借助技术创新加快在孵企业自主核心专利技术的研发获取。该项行为对孵化器的技术孵育服务尤为重要，由于在孵企业对专利技术的索取要求已从过去对单项技术突破向综合集成化技术的获取转变，但在孵企业自身技术条件的限制使得企业只能徘徊于单项技术获取水准上；而园区政府所配置的生产试验平台正好可以帮助在孵企业稳步索取具有前沿性和独占性的综合集成专利技术，保证企业能在未来的一定时期内具有较高的竞争优势。可以说生产试验平台的建设是帮助孵化器提升在孵企业高端集成专利技术索取能力的重要条件。

4. 知识产权商务平台建设

知识产权商务平台是用于保证孵化器在权项运营服务时期能帮助在孵企业开展低成本的商业活动，在协调整合市场信息的基础上及时将在孵企业的知识产权资源转化为企业的货币财富。从这些公共服务载体平台的服务内容中可以获悉，园区政府建设公共服务平台的行为是对孵化器知识产权服务内容的进一步深化，将孵化器的知识产权服务从过去厂房设备的提供升级为信息的预警和资本的运营等高端性服务。

（二）知识产权服务人才培育与孵化器知识产权服务能力

除了服务平台设立以外，人才培育也是孵化器知识产权服务中不可或缺的。这类载体不但可以协助孵化器加快在孵企业的技术研发及权利转化，还能促进权利资源向财富资源的转变。

1. 知识产权代理人配置

知识产权代理人配置的作用是帮助孵化器给在孵企业提供专利申请、专利注册等法律类服务，帮助在孵企业及时获取所需的知识产权资源，让在孵企业能集中有限的资源投入自身发展的核心领域。

2. 知识产权工程师调入

知识产权工程师调入是为了缩短在孵企业的专利技术研发周期，减少在孵企业的研发成本，提供技术类服务。孵化器依靠知识产权工程师的学识和技能，帮助在孵企业能在较短时间内获取所急需的专利技术、减少未来不必要的技术纠纷，增加在孵企业未来的市场竞争潜力。

3. 知识产权资产评估师配置

知识产权资产评估师能够帮助在孵企业了解已获得的和即将获得的专利技术的价值所在，让在孵企业了解该专利技术所在的技术等级和未来的竞争态势，是在孵企业知识产权能力自我改进的前提条件。

4. 知识产权战略策划人才配置

知识产权战略策划人才配置的目的是对在孵企业知识产权进行战略性分析，帮助在孵企业制定具有战略意义的知识产权发展战略，为在孵企业的知识产权保护、管理、交易、参与竞争提供具体解决方案。

第二节 科技企业孵化器知识产权服务中政府行为方式的概念模型

本章基于制度经济学理论和技术创新理论，以"输入—运作—输出"框架为指导，将政府行为方式视为辅助性资源，将孵化器知识产权服务视为辅助对象，构建了孵化器知识产权服务中政府行为方式的概念模型，并提出了研究假设。

一、概念模型

在理论分析、聚类、因子分析的基础上，本章根据政府行为方式对孵化器知识产权服务能力作用机理的探讨，以逐层递进作为逻辑推导原则，建立政府行为方式——孵化器知识产权服务能力——在孵企业知识产权竞争力提升的逻辑脉络，提出园区政府行为方式作用机理的实证研究假设，如图4-4所示（之所以增加孵化器知识产权服务能力与在孵企业知识产权竞争力的关系假设，是为了在后面的实证研究中更好地比较园区政府行为方式在介入和尚未介入孵化器知识产权服务时所表现出的不同作用结果，以为未来园区政府行为方式的改进埋下伏笔）。

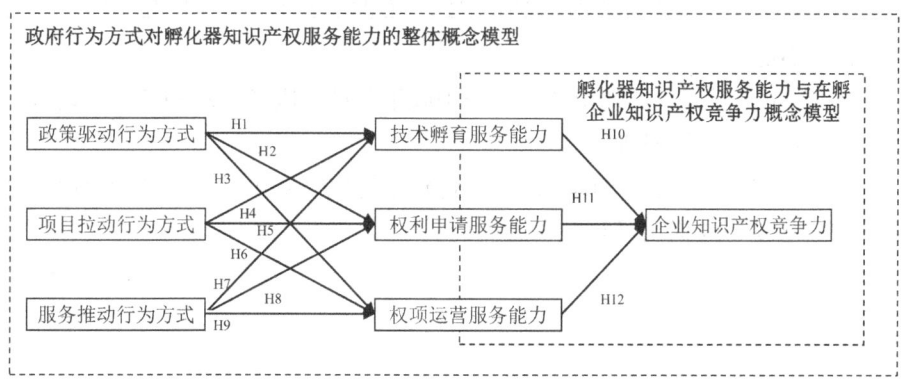

图4-4 孵化器知识产权服务中政府行为方式的概念模型

整个概念模型可解构为两个部分：孵化器知识产权服务能力与在孵企业知识产权竞争力的概念模型，政府行为方式对孵化器知识产权服务能力的整体概念模型。

二、研究假设

在构建了政府行为方式、孵化器知识产权服务能力、在孵企业知识产权竞争力之间关系的概念模型后，本书提出了模型中要素间关系的相关理论假设，具体包括：项目拉动行为方式与孵化器知识产权服务能力的关系假设、服务推动行为方式与孵化器知识产权服务能力的关系假设、政策驱动行为方式与孵化器知识产权服务能力的关系假设、孵化器知识产权服务能力与在孵企业知识产权竞争力的关系假设，如表4-1所示。

表4-1 研究假设汇总表

假设	内容
H1	政策拉动行为方式对技术孵育服务能力有显著的正向影响作用
H2	政策拉动行为方式对权利申请服务能力有显著的正向影响作用
H3	政策拉动行为方式对权项运营服务能力有显著的正向影响作用
H4	项目拉动行为方式对技术孵育服务能力有显著的正向影响作用
H5	项目拉动行为方式对权利申请服务能力有显著的正向影响作用
H6	项目拉动行为方式对权项运营服务能力有显著的正向影响作用
H7	服务推动行为方式对技术孵育服务能力有显著的正向影响作用
H8	服务推动行为方式对权利申请服务能力有显著的正向影响作用
H9	服务推动行为方式对权项运营服务能力有显著的正向影响作用
H10	技术孵育服务能力对企业知识产权竞争力有显著正向影响作用
H11	权利申请服务能力对企业知识产权竞争力有显著正向影响作用
H12	权项运营服务能力对企业知识产权竞争力有显著正向影响作用

本章小结

（1）探讨了孵化器知识产权服务中政策驱动、服务推动和项目拉动等行为方式所产生的作用机理。

（2）在分析作用机理的基础上，构建了孵化器知识产权服务中政府行为方式的概念模型并提出了相关研究假设。

第五章 科技企业孵化器知识产权服务中政府行为方式的作用机理实证研究

本章将运用实证研究方法，对科技企业孵化器知识产权服务能力与政府行为方式的关系进行深入有效的分析。

第一节 统计软件选择与正式调研问卷设计

合理的研究方法是确保研究结论正确的重要一环，即合理的问卷设计与正确的统计软件选择是保证研究信度和效度的重要前提。

一、统计模型及软件选择

（一）统计模型

管理学研究当中最常见的统计方法可分为两类，其中一个是以回归方程为代表的统计模型，另一个是以结构方程（SEM）为代表的第二代模型。

结构方程模型是当代行为与社会各类领域量化研究的重要统计方法，它融合了传统多变量统计分析中的"因子分析"与"线性模型之回归分析"的统计技术，对于各种因果模型可以进行模型辨识、估计与验证。在量化研究取向之多变量统计方法中，有越来越多的研究者使用 SEM 进行各种测量模型或假设模型图的验证，SEM 逐渐成为数据分析的一个重要统计模型。

SEM 模型发展过程中较大的一个突破就是发展了潜变量的概念，既能处理各个测量值间的误差，又可分析潜变量之间的相互结构关系。最显著的几个方面是：第一，它能同时处理多个因变量，并且可以评价比较不同的理论模型；第二，SEM 不仅可以反映模型中各个要素间单独的关系，还可以反映要素间的相互影响；第三，SEM 同时允许自变量和因变量存在误差，而且能够在评价过程中解释误差的原因。

本书中园区政府的各项行为方式和科技企业孵化器的技术孵育服务、权利申请服务及权项运营服务等方面都是难以直接测量的，非常适合用结构方程模型测量，模型中既会遇到变量之间的单独影响，又会遇到变量之间的相互影响，在现有的统计分析工具中，SEM 模型是最合适的。因此在定量研究方法的选取上，根据所讨论问题的性质，以及相关假说所包含因子的特征，本书选择 SEM 模型作为主要的实证研究方法。

（二）软件选择

采用 AMOS 矩阵结构分析软件实现模型的验证过程，其除了能验证各式测量模型、不同路径分析模型，也可进行多群组分析、结构平均数的检验、单群组或多群组、多个竞争模型或选替模型的选优。同时该软件的清晰路径有利于更好地理解结构方程模型，有效避免变量测量误差带来的干扰，可以充分发挥结构方程方法多路径分析对变量之间的影响关系。因此选择 AMOS 分析软件时，首先可对样本进行信度和效度检验，其次可借助方程工具对量表进行探索性和验证性分析，最后对整体 SEM 模型进行模型修正与拟合检验，并对模型各假设进行检验。

二、调研问卷的设计

设计一份科学合理的调研问卷，可使科技企业孵化器知识产权服务中政府行为方式的实证研究结论具有可靠性和真实性。

（一）问卷的设计步骤

问卷的设计共分为以下几个步骤。

1. 开展文献研究与初步构思

针对科技企业孵化器知识产权服务效能提升的要求，本书在学习科技企业孵化器服务、知识产权服务、政府行为方式等国内外文献的基础上，借鉴权威研究的理论构思，以及被广泛引用的实证研究文献中已有的量表，形成源于国内外政府行为方式文献的初步研究思路；使用半开放式访谈提纲，深入科技企业孵化器、园区政府等进行为期半年的访谈调查。本书经对园区政府官员以及科技企业孵化器服务人员的访谈，使得文献中获取的量表获得验证或修改，更接近于实际的诉求。

2. 专家讨论与问卷初稿修改

首先，由笔者所在的学术团队对问卷的初稿进行集中式讨论与修改；其次，采取电子邮件的方式向 2 位博士生导师、1 位专利工程师就本书变量之间的逻辑关系以及问卷的题项设计征求了建议；最后，依据他们的意见对施放问卷的措辞与题项的归类进行调整，剔除不适合的项目并增加合理的题项，形成第二稿问卷。

3. 修正再设计问卷

在第二稿问卷的基础上,笔者利用在科技企业孵化器实习的机会,与科技企业孵化器管理层、园区政府官员就问卷中变量之间的逻辑关系是否符合科技企业孵化器知识产权服务的实际状况,以及量表中的变量测度能否反映科技企业孵化器知识产权服务及其政府行为方式进行了讨论。同时,笔者与4名调研对象进行了交谈,对调研问卷中的措辞进行了修改,使得该问卷尽可能不包括专业术语,以免造成理解困难。在此基础上对问卷进行修正,形成第三稿问卷。

4. 形成最终调研问卷

笔者于 2012 年 7 月至 10 月,以江苏省高新区部分科技企业孵化器内的相关负责人为调研对象进行了预测试,依据他们的反馈,观察调研问卷在实际调查过程中的有效性和可靠性,力图发掘问卷中的隐藏问题。依据他们的填写情况以及探索性因子分析得出的关键性指标,形成正式的咨询调研问卷。

(二)问卷结构及防偏措施

1. 问卷结构

问卷内容包含本章所建立模型的各个变量,主体核心内容主要包括两部分,即科技企业孵化器知识产权服务和园区政府行为方式情况调查,笔者就此进行相应的问卷设计。在回答问题的选择上,采用了李克特五级打分量表,即用数字 1~5 代表被调查者对问题中描述状况从极不符合到极为符合的意见。问卷的每个问题都尽可能用通俗的形式表示,以有利于得到更为客观的答案。整个调研问卷信息包括四部分内容:①调研单位信息,包括调研单位名称、资产规模、成立时间等;②问卷填写者的基本信息;③科技企业孵化器知识产权服务的情况,包括技术孵育服务、权利申请服务和权项运营服务;④科技企业孵化器知识产权服务中政府行为方式的情况,包括项目拉动、服务推动和政策驱动。

2. 防偏措施

本书的调研问卷主要以选择题为主,在李克特五级量表法的基础上给予设计,主要采取了以下应对措施以降低数据结果可能出现的偏差:一是针对应答者不知道问题答案的情况,本书选择通过对高新科技园区的知识产权培训或讨论会进行问卷发放;二是针对应答者不能回忆起所提问题答案的情况,问卷题项所涉及的问题都表现为易于回忆的选项;三是针对应答者不想回答的情况,问卷表明其研究目的纯属学术需要而不涉及企业秘密,并保证对应答者提供的信息予以保密;四是针对应答者不理解所提问题的情况,问卷通过对问卷语言的修改和完善排除含义不清的情况。

（三）问卷的数据收集

为进行"科技企业孵化器知识产权服务能力及政府行为方式"的实证研究，笔者在江苏省对科技企业孵化器进行了问卷调查，本次调研在苏南地区分批进行，持续时间约三个月。

1. 样本选择

本次调研以完全事业型科技企业孵化器为研究样本，因为该类科技企业孵化器由政府投资兴建，其在基础设施和服务理念上较为完善，具有较强的知识产权服务意识；通过对该类科技企业孵化器的调研能更好地把握科技企业孵化器知识产权服务的实况，了解科技企业孵化器知识产权服务中政府行为方式的本源。笔者选择了科技企业孵化器分布密度较高的苏南地区进行问卷发放，力图使样本单位具备代表性。

2. 调研对象的选择

调研对象的选择影响调研结果的科学和客观。为此，需选择典型孵化器内相关人员进行问卷调研。本问卷发放对象主要有科技企业孵化器的管理人员、园区政府官员、在孵企业经理人等。这些人员具有一定的管理学知识基础，对所在科技企业孵化器的知识产权服务及其政府行为方式情况比较了解，对本书相关概念的理解偏差较小，对问题的回答比较准确翔实，能够保证问卷的调查效度，并且由于被调查人员基本来自科技企业孵化器内部，能满足随机调查的要求，这使得统计结论具有较大普遍性。

3. 问卷发放及回收

在数据收集方面，考虑到二次发放问卷的实际困难，本次调研采用了一次性问卷发放的手段，首先对回收问卷各项选题项目进行分析，删除鉴别力差的选题；其次在此基础上进行再分析，删除载荷分散意义不明显的选题；最后由保留题项的答题信息形成正式问卷数据进行统计分析。这既保证了预测问卷工作的实际进行，又避免了二次发放问卷带来的有效样本不足和回收率低下的问题，同时也避免了因二次发放问卷带来的因受测试对象不同导致的差异。本次调研在调研区域共发放 183 份问卷，回收有效问卷 152 份，有效率在 83% 左右，处于较为理想的水平。

三、样本数据描述性统计

本次调研对象主要为江苏省南部 12 家国家级科技园区内的科技企业孵化器及在孵企业管理层人员，且样本科技企业孵化器的知识产权服务活动皆有园区政府监控管理，以便于全面把握这些样本科技企业孵化器在知识产权服务能力的实况信息，其基本特征如表5-1所示。

表5-1 样本基本特征统计表（N=152）

样本属性	分类	数量	百分比	有效百分比	累积百分比
单位	科技企业孵化器管理人	98	64.4%	64.4%	64.4%
	在孵企业经理人	54	35.6%	35.6%	100.0%
性别	男	131	86.2%	86.2%	86.2%
	女	21	13.8%	13.8%	100.0%
学历	大专以下	12	7.9%	7.9%	7.9%
	大学本科	76	50%	50%	57.9%
	硕士	45	29.6%	29.6%	87.5%
	博士	19	12.5%	12.5%	100.0%
总计		152			

第二节 样本数据的信度与效度检验

本部分运用回收数据检验了科技企业孵化器知识产权服务能力及其政府行为方式的信度，运用二阶验证性因子分析探析了科技企业孵化器知识产权服务与政府行为方式的效度。

一、信度分析

信度风险是依据研究需要所进行的一致性（consistency）或稳定性（stability）的检验，也就是研究者对于相同或相似的现象进行不同的测量，其所得结果的一致性程度。信度值越高表示其误差值越低。信度的测量可通过以下值体现：内部一致性信度（intenal consistency reliability）、复本信度（alternate form reliability）、再测信度（test retest reliability）、复本再测信度（alternate form retest reliability）。本节综合培根、舒克、戴维利斯和盖伊等人的观点运用Cronbach's α作为测试信度的标准，如表5-2所示。

表5-2 Cronbach's α度量标准的分布表

Cronbach's α 的值	层面级	量表级
Cronbach's α<0.5	不理想	非常不理想
0.5< Cronbach's α<0.6	可以接受，修改语句	还不理想，编制修订
0.6< Cronbach's α<0.7	尚可	尚可接受

续表

Cronbach's α 的值	层面级	量表级
0.7< Cronbach's α<0.8	信度高	可以接受
0.8< Cronbach's α<0.9	理想	信度高
Cronbach's α>0.9	非常理想	非常理想

将样本数据带入 SPSS 软件的执行工具栏中的"reliability analysis"程序中，分别将测量因子移到"items"，即可得出信度的检验结果。

（一）技术孵育服务能力的信度检验

将技术孵育服务能力基本因子层的测量因子（以 Yi 表示，以下类同）带入 SPSS 程序中并移到 items，得出分析结果如表 5-3 所示。

表 5-3 技术孵育服务能力量表的信度分析

变量	题项	修正项目总相关系数（CITC）	项目已删除的 Cronbach's α 值	Cronbach's α 系数
技术孵育服务能力	Y1	0.860	0.898	0.919
	Y2	0.743	0.891	
	Y3	0.857	0.899	
	Y4	0.877	0.905	
	Y5	0.728	0.885	
	Y6	0.816	0.889	
	Y7	0.796	0.894	
	Y8	0.811	0.886	
	Y9	0.821	0.895	
	Y10	0.786	0.867	

从表 5-3 的检验可知，科技企业孵化器技术孵育服务能力的 α 系数值为 0.919，表示此分量表的内部一致性信度理想；所有题项总体相关系数（CITC）均大于 0.35，同时项目删除时 Cronbach's α 值（Cronbach's α if item deleted 表示该题项删除后，其余题项变量构成的分量表的内部一致性 α 系数改变的情形；若某一题项删除后，内部一致性 α 系数值比原先的 α 系数值高出很多，则该题项则可以考虑删除）介于 0.867 到 0.905 之间，没有高于层面的 α 系数 0.919，表示技术孵育服务能力层面的各项指标均满足信度指标要求，通过信度检验，内部一致性信度非常理想。

（二）权利申请服务能力的信度检验

将权利申请服务能力基本因子层的测量因子带入 SPSS 程序中并移到

"items",得出分析结果如表 5-4 所示。

表 5-4 权利申请服务能力量表的信度分析

变量	题项	修正项目总相关系数（CITC）	项目已删除的 Cronbach's α 值	Cronbach's α 系数
权利申请服务能力	Y11	0.763	0.886	0.896
	Y12	0.725	0.841	
	Y13	0.839	0.873	
	Y14	0.756	0.857	
	Y15	0.701	0.881	
	Y16	0.822	0.801	
	Y17	0.832	0.873	
	Y18	0.743	0.879	

从表 5-4 的检验可知，权利申请服务能力的 α 系数值为 0.896，表示此分量表的内部一致性信度理想；所有题项总体相关系数（CITC）均大于 0.35，同时项目删除时 Cronbach's α 值介于 0.841 和 0.886 之间，没有高于层面的 α 系数，表示权利申请服务能力层面的各项指标均满足信度指标要求，通过检验。

（三）权项运营服务能力的信度检验

将权项运营服务能力基本因子层的测量因子带入 SPSS 程序中并移到 "items"，得出分析结果如表 5-5 所示。

表 5-5 权项运营服务能力量表的信度分析

变量	题项	修正项目总相关系数（CITC）	项目已删除的 Cronbach's α 值	Cronbach's α 系数
权项运营服务能力	Y19	0.754	0.893	0.901
	Y20	0.765	0.877	
	Y21	0.797	0.891	
	Y22	0.783	0.897	
	Y23	0.791	0.865	
	Y24	0.833	0.899	
	Y25	0.773	0.870	

从表 5-5 的检验可知，权项运营服务能力的 α 系数值为 0.901，表示此分量表的内部一致性信度非常理想；所有题项总体相关系数（CITC）均大于 0.35，同时项目删除时 Cronbach's α 值介于 0.865 和 0.899 之间，没有高于层面的 α 系数，表示权项运营服务能力层面的各项指标均满足信度指标要求，通过检验。

（四）知识产权服务中政府政策驱动行为方式的信度检验

将科技企业孵化器知识产权服务中政策驱动行为方式基本因子层的测量因子带入 SPSS 程序中并移到"items"，得出分析结果如表 5-6 所示。

表 5-6　政策驱动行为方式量表的信度分析

变量	题项	修正项目总相关系数（CITC）	项目已删除的 Cronbach's α 值	Cronbach's α 系数
政策驱动	X1	0.794	0.843	0.897
	X2	0.814	0.881	
	X3	0.785	0.812	
	X4	0.824	0.858	
	X5	0.801	0.823	
	X6	0.816	0.870	

从表 5-6 的检验可知，政策驱动的 α 系数值为 0.897，表示此分量表的内部一致性信度理想；所有题项总体相关系数（CITC）均大于 0.35，同时项目删除时 Cronbach's α 值介于 0.812 和 0.881 之间，没有高于层面的 α 系数，表示政策驱动行为活动层面的各项指标均满足信度指标要求，可以接受。

（五）知识产权服务中政府项目拉动行为方式的信度检验

将科技企业孵化器知识产权服务中项目拉动行为方式基本因子层的测量因子（以 Xi 表示，以下类同）带入 SPSS 程序中并移到"items"，得出分析结果如表 5-7 所示。

表 5-7　项目拉动行为方式量表的信度分析

变量	题项	修正项目总相关系数（CITC）	项目已删除的 Cronbach's α 值	Cronbach's α 系数
项目拉动	X7	0.735	0.847	0.877
	X8	0.754	0.810	
	X9	0.744	0.796	
	X10	0.827	0.832	
	X11	0.749	0.857	
	X12	0.830	0.854	
	X13	0.854	0.861	

从表 5-7 的检验可知，项目拉动的 α 系数值为 0.877，表示此分量表的内部一致性信度理想；所有题项总体相关系数（CITC）均大于 0.35，同时项

目删除时 Cronbach's α 值介于 0.796 和 0.877 之间，没有高于层面的 α 系数，表示项目拉动行为层面的各项指标均满足信度指标要求，可以接受。

（六）知识产权服务中政府服务推动行为方式的信度检验

将科技企业孵化器知识产权服务中服务推动行为方式基本因子层的测量因子带入 SPSS 程序中并移到"items"，得出分析结果如表 5-8 所示。

表 5-8 服务推动行为方式量表的信度分析

变量	题项	修正项目总相关系数（CITC）	项目已删除的 Cronbach's α 值	Cronbach's α 系数
服务推动	X14	0.801	0.885	0.925
	X15	0.824	0.903	
	X16	0.795	0.852	
	X17	0.783	0.843	
	X18	0.811	0.848	
	X19	0.826	0.903	
	X20	0.818	0.899	
	X21	0.807	0.887	
	X22	0.791	0.898	
	X23	0.832	0.890	

从表 5-8 的检验可知，服务推动行为方式的 α 系数值为 0.925，表示此分量表的内部一致性信度非常理想。所有题项总体相关系数（CITC）均大于 0.35，同时项目删除时 Cronbach's α 值介于 0.848 和 0.903 之间，没有高于层面的 α 系数，表示服务推动行为活动层面的各项指标均满足信度指标要求，可以接受。

（七）在孵企业知识产权竞争力的信度检验

在孵企业知识产权竞争力的指标，笔者从参与的国家知识产权局研究项目"中小企业集聚区知识产权管理与服务模式研究"、国家知识产权局软科学项目"江苏省园区企业知识产权能力的培养模式与推进工作方案"中提取，并将在孵企业知识产权竞争力的指标归结为专利产出能力、外在收益获取能力和潜在资源投入能力等。将在孵企业知识产权竞争力基本因子层的因子（以 Z_i 表示）带入 SPSS 程序中并移到"items"，得出分析结果如表 5-9 所示。

表 5-9　在孵企业知识产权竞争力量表的信度分析

变量	题项	修正项目总相关系数（CITC）	项目已删除的 Cronbach's α 值	Cronbach's α 系数
在孵企业知识产权竞争力	Z1	0.761	0.886	0.891
	Z2	0.744	0.819	
	Z3	0.817	0.855	
	Z4	0.767	0.821	
	Z5	0.783	0.871	
	Z6	0.716	0.846	
	Z7	0.755	0.813	
	Z8	0.821	0.811	

从表 5-9 的检验可知，在孵企业知识产权竞争力的 α 系数值为 0.891，表示此分量表的内部一致性信度理想。所有题项总体相关系数（CITC）均大于 0.35，同时项目删除时 Cronbach's α 值（Cronbach's α if item deleted：表示该题项删除后，其余题项变量构成的分量表的内部一致性 α 系数改变的情形；若某一题项删除后，内部一致性 α 系数值比原先的 α 系数值高出很多，则该题项则可以考虑删除）介于 0.811 到 0.886 之间，没有高于层面的 α 系数 0.891，表示在孵企业知识产权竞争力层面的各项指标均满足信度指标要求，通过信度检验，内部一致性信度非常理想。

二、效度分析

效度分析可以分为内容效度和建构效度。由于本书各变量的测量题项内容是以国内外学者的研究成果为基础，并经过深度访谈法等手段修改而成的，故具有良好的内容效度。在运用结构方程 SEM 之前，本书将通过建构软件，采用验证性因子分析法检验科技企业孵化器知识产权服务能力及其政府行为方式的构建效度，其内部判断标准如表 5-10 所示。

表 5-10　效度拟合指标一览

性质	指标名称	判断值
绝对拟合优度指标	卡方/自由度（x^2/df）	<3
	拟合优度指数（GFI）	>0.90
	调整拟合优度指数（AGFI）	>0.90
相对拟合优度指标	正态拟合优度指数（NFI）	>0.90
	比较拟合优度指数（CFI）	>0.90
	增值拟合优度指数（IFI）	>0.90

续表

性质	指标名称	判断值
残差分析	近似误差平方根（RMSEA）	<0.08

（一）技术孵育服务能力的验证性因子分析

在进行一阶验证性因子分析中，笔者发现知识产权信息利用技能、创新要素配置技能、专利技术挖掘技能间有中高度的关联程度，且一阶验证性因子分析模型与数据可以适配，故对技术孵育服务进行二阶验证性因子分析（second order CFA）。结果中的因子载荷值和平均变异量抽取值，详见表5-11。

表5-11 技术孵育服务能力的因子载荷分析

测量题项	标准化因子载荷	综合信度	平均变异量抽取值（AVE）
Y1	0.774		
Y2	0.781	0.8351	0.6282
Y3	0.822		
Y4	0.851		
Y5	0.819	0.8614	0.6746
Y6	0.793		
Y7	0.763		
Y8	0.734	0.8871	0.6520
Y9	0.842		
Y10	0.882		
知识产权信息利用技能	0.912		
创新要素配置技能	0.870	0.9175	0.7877
专利技术挖掘技能	0.880		
x^2/df=2.007　　GFI=0.914　　NFI=0.938　　CFI=0.972　　IFI=0.972　　RMSEA=0.076			

从表5-11中获悉技术孵育服务能力标准化因子载荷都在0.6以上，平均变异量抽取值（AVE）都大于0.5；同时技术孵育服务的 x^2/df=2.007<3、GFI=0.914>0.9、NFI=0.938>0.9、CFI=0.972>0.9、IFI=0.972>0.9、RMSEA=0.076<0.08的值均优于建议值，表明该拟合值已经达到可以接受的范围，各个维度的测量题项建构效度良好，技术孵育服务的二阶验证性测量模型拟合程度较高，即该模型通过拟合度检验。

（二）权利申请服务能力的验证性因子分析

同样对权利申请服务能力进行二阶验证性因子分析，确定各个题项的因子载荷值和 AVE 平均变异量抽取值，结果显示拟合较理想，详见表 5-12。

表 5-12　权利申请服务的因子载荷分析

测量题项	标准化因子载荷	综合信度	平均变异量抽取值（AVE）
Y11	0.843	0.8586	0.6052
Y12	0.855		
Y13	0.684		
Y14	0.715		
Y15	0.881	0.8912	0.6724
Y16	0.770		
Y17	0.801		
Y18	0.824		
知识产权获权服务技能	0.850	0.7943	0.6592
知识产权制度利用服务技能	0.772		
x^2/df=2.058　GFI=0.915　NFI=0.933　CFI=0.947　IFI=0.948　RMSEA=0.054			

从表 5-12 中可知权利申请服务能力标准化因子载荷介于 0.684 到 0.881 之间，都在 0.6 以上，平均变异量抽取值（AVE）都大于 0.5；同时权利申请服务的 x^2/df=2.058 < 3、GFI=0.915 > 0.9、NFI=0.933 > 0.9、CFI=0.947 > 0.9、IFI=0.948 > 0.9、RMSEA=0.054 < 0.08 的值均优于建议值，表明权利申请服务中的二阶验证性测量模型的构建效度良好，权利申请服务具有较好的拟合度，可以通过拟合度检验。

（三）权项运营服务能力的验证性因子分析

对权项运营服务能力进行二阶验证性因子分析，确定各个题项的因子载荷值和 AVE 值，结果显示，拟合结果较理想，详见表 5-13。

表 5-13　权项运营服务能力的因子载荷分析

测量题项	标准化因子载荷	综合信度	平均变异量抽取值（AVE）
Y19	0.762	0.7536	0.6047
Y20	0.793		

续表

测量题项	标准化因子载荷	综合信度	平均变异量抽取值（AVE）
Y21	0.740	0.8923	0.6252
Y22	0.801		
Y23	0.834		
Y24	0.692		
Y25	0.873		
知识产权预警分析服务技能	0.820	0.7930	0.657
知识产权商用化服务技能	0.801		
x^2/df=1.916　GFI=0.987　NFI=0.988　CFI=0.993　IFI=0.993　RMSEA=0.072			

从表 5-13 中可知权项运营服务能力标准化因子载荷介于 0.692 到 0.873 之间，都在 0.6 以上，平均变异量抽取值（AVE）都大于 0.5；同时权项运营服务的 x^2/df=1.916＜3、GFI=0.987＞0.9、NFI=0.988＞0.9、CFI=0.993＞0.9、IFI=0.993＞0.9、RMSEA=0.072＜0.08 的值均优于建议值，表明权项运营服务的二阶验证性测量模型的效度较好，权项运营服务能力的二阶验证性测量模型具有较好的拟合度，可以通过拟合度检验。

（四）知识产权服务中政府政策驱动行为方式的验证性因子分析

对政策驱动行为方式进行二阶验证性因子分析，得到因子载荷值和 AVE 值，且分析结果显示，拟合结果理想，详见表 5-14。

表 5-14　政策驱动行为方式的因子载荷分析

测量题项	标准化因子载荷	综合信度	平均变异量抽取值（AVE）
X1	0.787	0.8155	0.5975
X2	0.843		
X3	0.680		
X4	0.818	0.8354	0.6287
X5	0.776		
X6	0.784		
知识产权服务政策制定	0.820	0.8176	0.6915
知识产权服务政策实施	0.843		
x^2/df=1.775　GFI=0.927　NFI=0.963　CFI=0.960　IFI=0.961　RMSEA=0.046			

从表 5-14 中可知政策驱动行为方式标准化因子载荷介于 0.680 到 0.843 之间，都在 0.6 以上，平均变异量抽取值（AVE）都大于 0.5；同时经济

协调的 $x^2/df=1.775<3$、$GFI=0.927>0.9$、$NFI=0.963>0.9$、$CFI=0.960>0.9$、$IFI=0.961>0.9$、$RMSEA=0.046<0.08$ 的值均优于建议值，表明政策驱动行为方式的二阶验证性测量模型的建构效度良好，政策驱动行为的二阶验证性测量模型具有较好的拟合度，可以通过拟合度检验。

（五）知识产权服务中政府项目拉动行为方式的验证性因子分析

对项目拉动行为方式进行二阶验证性因子分析，确定各个题项的因子载荷和 AVE 值，结果显示，拟合结果较理想，详见表 5-15。

表 5-15 项目拉动行为方式的因子载荷分析

测量题项	标准化因子载荷	综合信度	平均变异量抽取值（AVE）
X7	0.693	0.7324	0.5796
X8	0.824		
X9	0.675	0.7324	0.5806
X10	0.840		
X11	0.691	0.8043	0.5791
X12	0.776		
X13	0.881		
知识产权服务项目获准	0.866	0.8598	0.672
知识产权服务项目执行	0.810		
$x^2/df=1.927$　GFI=0.978　NFI=0.984　CFI=0.992　IFI=0.993　RMSEA=0.083			

从表 5-15 中可知项目拉动标准化因子载荷介于 0.675 到 0.881 之间，都在 0.6 以上，平均变异量抽取值（AVE）都大于 0.5；同时规划扶持的 $x^2/df=1.927<3$、$GFI=0.978>0.9$、$NFI=0.984>0.9$、$CFI=0.992>0.9$、$IFI=0.993>0.9$、$RMSEA=0.083<0.08$ 的值均优于建议值，表明项目拉动行为方式的二阶验证性测量模型的建构效度良好，项目拉动行为方式的二阶验证性测量模型具有理想的拟合度，可以通过拟合度检验。

（六）知识产权服务中政府服务推动行为方式的验证性因子分析

对服务推动行为方式进行二阶验证性因子分析，得出因子载荷和 AVE 值，结果显示，拟合结果较理想，详见表 5-16。

表 5-16 服务推动行为方式的因子载荷分析

测量题项	标准化因子载荷	综合信度	平均变异量抽取值（AVE）
X14	0.732	0.7532	0.6049
X15	0.812		

续表

测量题项	标准化因子载荷	综合信度	平均变异量抽取值（AVE）
X16	0.696	0.8248	0.5421
X17	0.674		
X18	0.814		
X19	0.753		
X20	0.839	0.8498	0.5869
X21	0.718		
X22	0.780		
X23	0.721		
知识产权服务载体建设	0.840		
知识产权服务人才培育	0.889		
x^2/df=1.879　GFI=0.949　NFI=0.933　CFI=0.950　IFI=0.951　RMSEA=0.066			

从表 5-16 中可知服务推动行为方式标准化因子载荷在 0.674 到 0.839 之间，都在 0.6 以上，平均变异量抽取值（AVE）都大于 0.5；同时平台创建的 x^2/df=1.879<3、GFI=0.949>0.9、NFI=0.933>0.9、CFI=0.950>0.9、IFI=0.951>0.9、RMSEA=0.066<0.08 的值均优于建议值，这表明服务推动行为方式的二阶验证性测量模型的建构效度良好，服务推动行为的二阶验证性测量模型具有较好的拟合度，可以通过拟合度检验。

（七）在孵企业知识产权竞争力的验证性因子分析

对在孵企业知识产权竞争力进行二阶验证性因子分析，得到因子载荷值和 AVE 值，且分析结果显示，拟合结果理想，详见表 5-17。

表 5-17　在孵企业知识产权竞争力的因子载荷分析

测量题项	标准化因子载荷	综合信度	平均变异量抽取值（AVE）
Z1	0.765	0.7687	0.5265
Z2	0.743		
Z3	0.665		
Z4	0.791	0.8174	0.5988
Z5	0.776		
Z6	0.754		
Z7	0.813	0.7876	0.6497
Z8	0.799		

续表

测量题项	标准化因子载荷	综合信度	平均变异量抽取值（AVE）
专利产出能力	0.819	0.8489	0.6519
收益获取能力	0.790		
创新资源投入能力	0.813		
x^2/df=1.774　GFI=0.917　NFI=0.963　CFI=0.955　IFI=0.955　RMSEA=0.044			

从表 5-17 中可知在孵企业知识产权竞争力标准化因子载荷在 0.665 到 0.813 之间，都在 0.6 以上，平均变异量抽取值（AVE）都大于 0.5；同时企业知识产权竞争力的 x^2/df=1.774<3、GFI=0.917>0.9、NFI=0.963>0.9、CFI=0.955>0.9、IFI=0.955 > 0.9、RMSEA=0.044 < 0.08 的值均优于建议值，表明在孵企业知识产权竞争力的二阶验证性测量模型的建构效度良好，在孵企业知识产权竞争力的二阶验证性测量模型具有较好的拟合度，可以通过拟合度检验。

第三节　结构方程模型检验

在检验了各个量表题项的基础上，本书运用结构方程模型对园区政府行为方式、科技企业孵化器知识产权服务能力、在孵企业知识产权竞争能力中的整体模型和各个变量间的关系进行检验，以验证相关假设。

一、孵化器知识产权服务能力与在孵企业知识产权竞争力模型检验

根据所采用的估计方法，本书选取了具有较好稳定性的指标，评价科技企业孵化器知识产权服务能力与在孵企业知识产权竞争力间的拟合性（即园区政府行为方式未介入时，科技企业孵化器知识产权服务与在孵企业竞争力之间的拟合性）。

（一）模型测度结果

从 SEM 测度模型的参数估计可以看出，模型满足基本拟合标准。其中 x^2/df=1.541、GFI=0.941、RMR=0.03、NFI=0.915、IFI=0.977、CFI=0.977，均接近或优于建议值；RMSEA=0.054，小于 0.08 的上限，见表 5-18。

表5-18　SEM检验的适配度指标及其建议值

指标	x^2/df	GFI	RMR	NFI	IFI	CFI	RMSEA
指标值	1.541	0.941	0.03	0.915	0.977	0.977	0.054
建议值	<3	>0.9	>0.05	>0.9	>0.9	>0.9	<0.08

模型通过拟合度检验后，需要进一步测定路径系数，评价方程对数据的解释能力和对假设的验证情况。使用 AMOS 软件分析得出各项科技企业孵化器知识产权服务能力和在孵企业知识产权竞争力的相关路径系数及其检验，表5-19 中列出概念模型的荷重，以及相应的 CR 值，可以看出路径相应 CR 值均大于参考值 1.96，表明路径负载系数在 $P=0.05$ 的水平上具有显著性。

表5-19　孵化器知识产权服务能力与企业知识产权竞争力的路径系数及检验

路径说明	预估系数	SE	CR	P	结果
企业知识产权竞争力←技术孵育服务能力	0.221	0.071	3.140	***	支持
企业知识产权竞争力←权利申请服务能力	0.316	0.079	3.977	***	支持
企业知识产权竞争力←权项运营服务能力	0.214	0.061	3.551	***	支持

注：CR 值大于 1.96 时，$*P<0.5$；CR 值大于 2.58 时 $**P<0.01$；CR 值大于 3.29 时，$***P<0.001$。

结构方程模型所代表的各模块之间的路径系数与预先假设的结构方程模型相比，其 H10 到 H12（见图4-4）的路径系数与原假设模型所预期路径关系预设一致。经过路径分析后的科技企业孵化器知识产权服务与在孵企业知识产权竞争力的结构方程模型如图5-1所示。

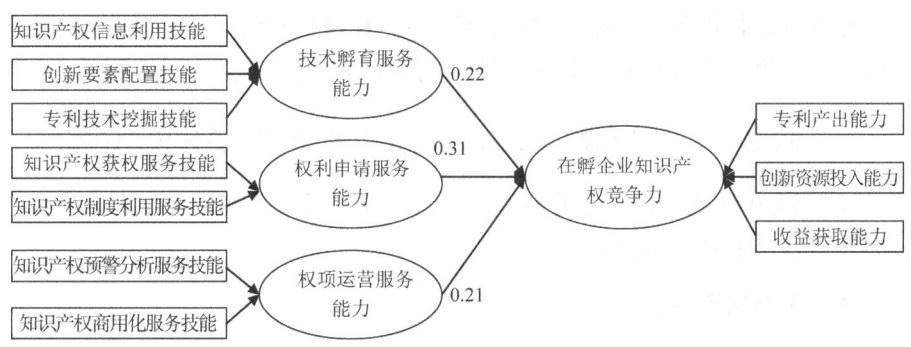

图5-1　孵化器知识产权服务能力与在孵企业知识产权竞争力模型

（二）科技企业孵化器知识产权服务的作用路径解释

在政府行为方式还尚未介入时段的科技企业孵化器知识产权服务作用路径如下。

1. 技术孵育服务能力对在孵企业知识产权竞争力的作用关系

科技企业孵化器的技术孵育服务能力与在孵企业知识产权竞争力的路径系数为 0.22，路径系数在 0.001 水平上显著，表明技术孵育服务能力与在孵企业知识产权竞争力双方密切相关。首先，科技企业孵化器技术孵育服务通过知识产权信息利用技能帮助在孵企业了解外部及自身的专利结构；其次，孵化器依靠创新要素配置技能减少在孵企业的研发成本，缩短专利技术的研发时间；最后，科技企业孵化器通过专利技术挖掘技能帮助在孵企业汲取急需的专利技术，提升在孵企业的专利产出能力。

2. 权利申请服务能力对在孵企业知识产权竞争力的作用关系

科技企业孵化器的权利申请服务能力与在孵企业知识产权竞争力的路径系数为 0.31，路径系数在 0.001 水平上显著，这说明权利申请服务能力与在孵企业知识产权竞争力双方密切相关。科技企业孵化器权利申请服务首先通过知识产权获权技能，帮助在孵企业申请专利，增加在孵企业知识产权存量；接着，凭借知识产权制度利用的服务技能，面向在孵企业提供各类知识产权培训服务，提升在孵企业在知识产权资源上的投入意识。

3. 权项运营服务能力对在孵企业知识产权竞争力的作用关系

科技企业孵化器的权项运营服务能力与在孵企业知识产权竞争力的路径系数为 0.21，路径系数在 0.001 水平上显著，这说明权项运营服务能力与在孵企业知识产权竞争力双方密切相关。科技企业孵化器权项运营服务首先借助知识产权预警分析服务技能，为在孵企业提供专利态势分析和知识产权资源评估，让在孵企业及时掌控自身知识产权资源的现况，为在孵企业未来发展策略的制定提供科学依据；接着，依靠知识产权商用化的服务技能，增加在孵企业的收益获取能力，实现专利资源向财富资源的过渡。

二、政府行为方式与孵化器知识产权服务能力的整体模型检验

通过 SEM 结构方程路径模型，评价园区政府行为方式介入科技企业孵化器知识产权服务时的路径关系。

（一）初始模型的拟合

根据采用的估计方法，评价整个模型的拟合性。根据 SEM 测度模型的参数估计可以看出，模型满足基本拟合标准，其中 $x^2/df=1.714$、GFI=0.880、RMR=0.033，部分指标不符合标准，理论假设与实际数据间无法很好地契合，需要改进；IFI=0.967、CFI=0.966、NFI=0.932，均接近或优于建议值；RMSEA=0.066，小于 0.08 的上限，见表 5-20 所示。

表 5-20 SEM 检验的适配度指标及其建议值

指标	x^2/df	GFI	RMR	NFI	IFI	CFI	RMSEA
指标值	1.714	0.880	0.033	0.932	0.967	0.966	0.066
建议值	<3	>0.9	>0.05	>0.9	>0.9	>0.9	<0.08

模型通过拟合度检验后，需要进一步测定路径系数，评价方程对数据的解释能力和对假设的验证情况。使用 AMOS 软件分析得出各项科技企业孵化器知识产权服务能力和政府行为方式的相关路径系数及其检验，表 5-21 中列出策略模型的荷重，以及相应的 CR 值，可以看出部分路径相应 CR 值大于参考值 1.96，表明部分路径负载系数在 $P=0.05$ 的水平上具有显著性。

表 5-21 孵化器知识产权服务能力及其政府行为方式整体路径系数及检验

路径说明	预估系数	SE	CR	P	结果
技术孵育服务能力←政策驱动行为方式	0.632	0.089	7.034	***	支持
权利申请服务能力←政策驱动行为方式	0.527	0.121	4.363	***	支持
权项运营服务能力←政策驱动行为方式	0.232	0.049	4.680	***	支持
技术孵育服务能力←项目拉动行为方式	0.328	0.089	3.660	***	支持
权利申请服务能力←项目拉动行为方式	0.488	0.120	4.067	***	支持
权项运营服务能力←项目拉动行为方式	0.444	0.079	1.801	0.170	支持
技术孵育服务能力←服务推动行为方式	0.465	0.069	6.727	***	支持
权利申请服务能力←服务推动行为方式	0.394	0.115	3.445	0.009	支持
权项运营服务能力←服务推动行为方式	0.250	0.047	5.377	0.003	支持
在孵企业知识产权竞争力←技术孵育服务能力	0.323	0.050	6.534	***	支持
在孵企业知识产权竞争力←权利申请服务能力	0.457	0.082	5.556	***	支持
在孵企业知识产权竞争力←权项运营服务能力	0.469	0.098	4.775	***	支持

经过路径分析后的科技企业孵化器知识产权服务能力及其政府行为方式的整体结构方程模型见图 5-2 所示。

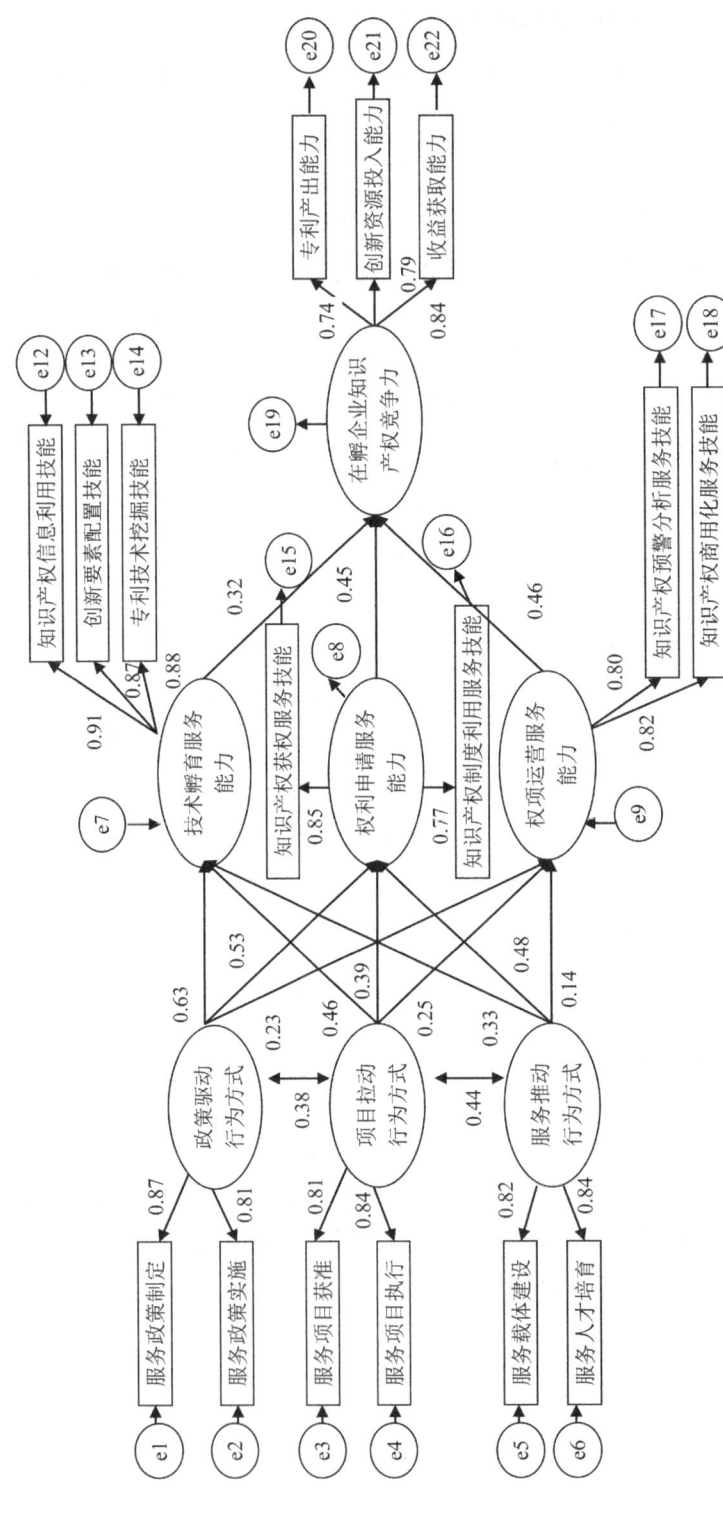

图 5-2 科技企业孵化器知识产权服务能力及其政府行为方式的整体结构模型

（二）模型修正与确定

AMOS 软件可以使用修正指数（MI），它能提供使 X2 拟合指数减少的信息。一般常用的修正方法是删除最大修正指数的路径，在模型中不再要求估计去掉路径系数，然后再通过观察拟合指数评价新模型的情况。另外，将 CR 值低于 1.96、路径的标准化回归系数不显著的路径删除；也可以根据 MI 修正指数，采用增加某些误差项之间的路径方法修正模型。

根据修正模型的内容，测量模型修正可以通过减少或添加测量误差的协方差实现调整。根据初始 SEM 模型的 MI 修正指数，发现建立 e10 和 e11 的关联可以使模型的卡方减少 16.288。建立关联后的路径系数及拟合指数见表 5-22 和表 5-23，据此发现拟合值已经达到可接受的范围，拟合度良好，模型可以通过拟合度的检验。通过的结构方程模型见图 5-3。

表 5-22　修正后 SEM 检验的适配度指标及其建议值

指标	x^2/df	GFI	RMR	NFI	IFI	CFI	RMSEA
指标值	1.551	0.902	0.032	0.938	0.977	0.976	0.057
建议值	<3	>0.9	>0.05	>0.9	>0.9	>0.9	<0.08

其中 RMSEA=0.057，比之前的更低，并小于 0.08 的上限，而其他相对拟合值也达到相应的标准。

表 5-23　修正后孵化器知识产权服务能力及其政府行为方式路径系数及检验

路径说明	预估系数	CR	P	结果
技术孵育服务能力←政策驱动行为方式	0.622	6.924	***	支持
权利申请服务能力←政策驱动行为方式	0.516	4.322	***	支持
权项运营服务能力←政策驱动行为方式	0.220	4.154	***	支持
技术孵育服务能力←项目拉动行为方式	0.324	3.560	***	支持
权利申请服务能力←项目拉动行为方式	0.484	4.021	***	支持
权项运营服务能力←项目拉动行为方式	0.442	1.711	0.196	支持
技术孵育服务能力←服务推动行为方式	0.464	6.327	***	支持
权利申请服务能力←服务推动行为方式	0.396	3.625	0.001	支持
权项运营服务能力←服务推动行为方式	0.253	5.577	***	支持
在孵企业知识产权竞争力←技术孵育服务能力	0.311	3.475	***	支持
在孵企业知识产权竞争力←权利申请服务能力	0.452	5.447	***	支持
在孵企业知识产权竞争力←权项运营服务能力	0.461	3.778	***	支持

注：CR 值大于 1.96 时，*$P<0.5$；大于 2.58 时 **$P<0.01$；大于 3.29 时，***$P<0.001$。

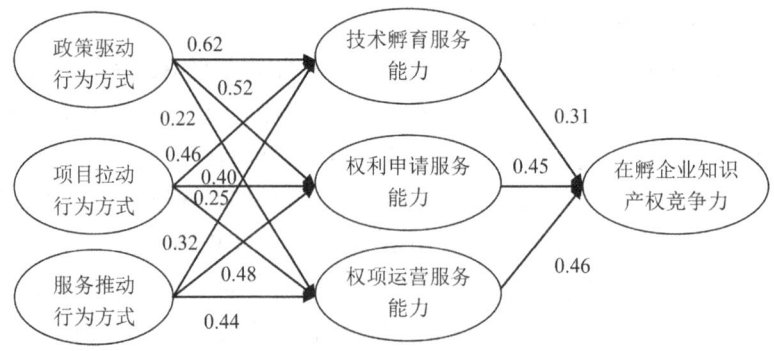

图 5-3 孵化器知识产权服务中政府行为模型修正图

(三) 政府行为方式的作用路径解释

通过实证研究发现,本书设定的 12 条假设成立,本部分将对每条假设所验证变量关系的原因和逻辑进行解释。

1. 政策驱动行为方式与孵化器知识产权服务能力作用路径的解释

本书在假设 1、假设 2 和假设 3 分别预设:政策驱动行为方式与技术孵育服务能力呈显著的正向影响作用、政策驱动行为方式与权利申请服务能力呈显著的正向影响作用、政策驱动行为方式与权项运营服务能力呈显著的正向影响作用。

(1) 政策驱动行为方式与技术孵育服务能力的作用关系。政策驱动行为方式与技术孵育服务能力之间的路径系数为 0.62,路径系数在 0.001 水平上显著,这表明政策驱动行为方式与技术孵育服务能力密切相关。园区政府在设立政策的同时还会配置必要的服务资金、配备亟须的服务设备、配给专业化的服务人员,这些行为活动能有力地提升了在孵企业的技术创新能力,降低孵化器的知识产权服务成本,让孵化器将有限的精力集中投入在孵企业专利技术的研发及运营之中。

(2) 政策驱动行为方式与权利申请服务能力的作用关系。政策驱动行为方式与权利申请服务能力之间的路径系数为 0.52,路径系数在 0.001 水平上显著,这表明政策驱动行为方式与权利申请服务能力密切相关。对于园区政府来说,政策制定中的服务法规和服务标准能规范孵化器的服务行为,服务战略能提升孵化器的知识产权申请意识。政府实施的人才配置能帮助在孵企业代理申请各类知识产权资源,缩短在孵企业知识产权申请周期,提高专利申请成功率。

(3) 政策驱动行为方式与权项运营服务能力的作用关系。政策驱动行为与权项运营服务之间的路径系数为 0.42，路径系数在 0.001 水平上显著，这表明政策驱动行为方式与权项运营服务能力密切相关。园区政府通过服务法规和标准的完善，引导孵化器服务人员从事知识产权权项运营服务的积极性，依靠服务战略的发布，增加权项运营服务在孵化器知识产权服务中的比例。并在此基础上配置必要的资金和人才，强化孵化器权项运营服务的基础，提升孵化器从事权项运营服务的能力。

2. 项目拉动行为方式与孵化器知识产权服务能力作用路径的解释

本书在假设 4、假设 5 和假设 6 分别预设：项目拉动行为方式对技术孵育服务能力存在显著的正向影响作用、项目拉动行为方式对权利申请服务能力存在显著的正向影响作用、项目拉动行为方式对权项运营服务能力存在显著的正向影响作用。

（1）项目拉动行为方式与技术孵育服务能力的作用关系。项目拉动行为方式与技术孵育服务能力之间的路径系数为 0.32，路径系数在 0.001 水平上显著，这说明项目拉动行为方式与技术孵育服务能力双方直接密切相关。孵化器的技术孵育服务首先要处在一个良好的服务环境中，而项目拉动行为方式中的服务政策解读和方案策划等活动将是保证技术孵育服务得以开展的基本前提，通过必要的项目政策解读确立未来孵化器的服务方向，通过方案策划保证技术孵育服务的可持续性。与此同时，必要的项目咨询和企业培训也会保证在孵企业能顺利地融入技术孵育服务之中，增加孵化器技术孵育服务的可实现性。

（2）项目拉动行为方式与权利申请服务能力的作用关系。项目拉动行为方式与权利申请服务能力之间的路径系数为 0.48，路径系数在 0.001 水平上显著，这表明项目拉动行为方式与权利申请服务能力密切相关。作为在孵企业技术资本权利化的必要手段，权利申请服务是保护企业核心的资源的根本；而项目拉动中的服务政策解读行为将对现有的法规条款进行详解，督促科技企业孵化器对企业专利及商标的申请和保护，同时相关法律和技术服务人才的配备还将为权利申请服务提供人力支持，减少对在孵企业知识产权能力的培养成本。

（3）项目拉动行为方式与权项运营服务能力的作用关系。项目拉动行为方式与权项运营服务能力间的路径系数为 0.44，路径系数在 0.001 水平上显著，这表明项目拉动行为方式与权项运营服务能力密切相关。良好项目政策环境的缔造在很大程度上有助于调动科技企业孵化器在权项运营服务中的积极性，加快在孵企业将已有的权利资源通过科技企业孵化器的商用化平台向财富资源转变。同时孵化器中服务战略策划人才配置，也能引导在孵企业以战略性的眼光，积极投身于孵化器的权项运营的服务活动中，增加该服务效能的显现力度。

3. 服务推动行为方式与孵化器知识产权服务能力作用路径的解释

本书在假设7、假设8和假设9分别预设：服务推动行为方式与技术孵育服务能力呈显著的正向影响作用、服务推动行为方式与权利申请服务能力呈显著的正向影响作用、服务推动行为方式与权项运营服务呈显著的正向影响作用。

（1）服务推动行为方式与技术孵育服务能力的作用关系。服务推动行为方式与技术孵育服务能力之间的路径系数为0.46，路径系数在0.001水平上显著，这表明服务推动行为方式与技术孵育服务能力密切相关，表明园区政府在创新服务载体的建设和服务人才的培育上都对科技企业孵化器的技术孵育服务起到推动作用。其具体表现为园区政府借助各类创新服务载体的建设，实现服务要素和在孵企业知识产权资源的有效整合，依靠各类人才的引进配置强化科技企业孵化器的技术孵育服务能力和服务层次。

（2）服务推动行为方式与权利申请服务能力的作用关系。服务推动行为方式与权利申请服务能力间的路径系数为0.40，路径系数在0.001水平上显著，由此表明服务推动行为方式与权利申请服务能力的关系密切，尤其是创新服务载体的建设，将简化科技企业孵化器在申请专利等知识产权资源上的繁杂程序，加速在孵企业对权利资源的索取力度。同时知识产权服务战略策划人的配置还能加快在孵企业对科技企业孵化器知识产权服务的认知，减轻服务需求方的需求顾虑，提高权利申请服务效能的显现。

（3）服务推动行为方式与权项运营服务能力的作用关系。服务推动行为方式与权项运营服务能力间的路径系数为0.45，路径系数在0.001水平上显著，由此表明服务推动行为方式与权项运营服务能力的关系密切。由于权项运营服务的目的是实现在孵企业对自控财富的增加，而由园区政府借助交流平台所引进的知识产权评估师和战略策划人将铺设在孵企业权利资源向财富资本的转变路径。同时园区政府配备的知识产权工程师及代理人，将凭借其丰富的服务经验帮助科技企业孵化器评估和测度在孵企业已有知识产权资源的价值所在，从而为企业未来的知识产权市场运营提供指导和借鉴。

4. 政府行为方式介入下的科技企业孵化器知识产权服务能力作用路径解释

本书在假设10、假设11和假设12分别预设：在政府行为方式介入的情况下，技术孵育服务能力与在孵企业知识产权竞争力呈显著正向影响作用、权利申请服务能力与在孵企业知识产权竞争力呈正向影响作用、权项运营服务能力与在孵企业知识产权竞争力呈显著正向影响作用。而实证检验结果也支持了上述假设。

（1）技术孵育服务能力与在孵企业知识产权竞争力作用关系。技术孵育服务能力与在孵企业知识产权竞争力作用路径系数为 0.31，路径系数在 0.001 水平上显著，这表明技术孵育服务能力与在孵企业知识产权竞争力密切相关。而且与图 5-1 中政府行为方式还未介入科技企业孵化器知识产权服务时的路径系数 0.22 相比，有了较好的提高（路径系数绝对值越大表明其影响作用越大。由此说明政府行为方式的介入将有力地带动科技企业孵化器技术孵育服务能力的提升，促使科技企业孵化器通过知识产权信息利用技能、专利技术挖掘技能、创新要素配置技能，以更好地培育在孵企业的知识产权竞争力。

（2）权利申请服务能力与在孵企业知识产权竞争力作用关系。权利申请服务能力与在孵企业知识产权竞争力作用路径系数为 0.45，路径系数在 0.001 水平上显著，这表明权利申请服务能力与在孵企业知识产权竞争力密切相关。而且与图 5-1 中政府行为方式还未介入科技企业孵化器知识产权服务时的路径系数 0.31 相比，也有了较好的提升。这说明政府行为方式的介入将提升科技企业孵化器的权利申请服务能力，促使科技企业孵化器借助知识产权获权服务技能、知识产权制度利用服务技能增加在孵企业外向和潜行知识产权资源的获取概率，提高在孵企业的知识产权竞争能力。

（3）权项运营服务能力与在孵企业知识产权竞争力的作用关系。权项运营服务能力与在孵企业知识产权竞争力作用路径系数为 0.46，路径系数在 0.001 水平上显著，这表明权项运营服务能力与在孵企业知识产权竞争力密切相关。而且与图 5-1 中政府行为方式还未介入科技企业孵化器知识产权服务时的路径系数 0.21 相比，有了较高的提升。这说明政府行为方式的介入将有力地提高科技企业孵化器的权项运营服务能力帮助科技企业孵化器通过知识产权预警分析服务技能、知识产权商用化服务技能规划在孵企业知识产权能力的发展蓝图。

本章小结

（1）在现有文献梳理和深度访谈的基础上，采用李克特五级量表构建了科技企业孵化器知识产权服务能力与政府行为方式的调研问卷。

（2）利用回收的调研问卷，检验了科技企业孵化器知识产权服务能力与政府行为方式的信度和效度。

（3）运用 AMOS17.0 软件对科技企业孵化器知识产权服务能力与政府行为方式间的关系进行了结构方程模型的检验。

第六章 科技企业孵化器知识产权服务中政府行为方式的改进

本章利用对 A 市高新区孵化器知识产权服务现况的调研和访查，结合 A 市高新区官网相关孵化器信息及数据的搜索分析，全面深入地剖析 A 市高新区孵化器知识产权服务中政府行为方式的实施现况，为更好地促进在孵企业核心技术研发和实现孵化器知识产权服务能力的改善提供切实可行的对策建议。

第一节 A 市高新区孵化器知识产权服务中政府行为方式的概括

A 市高新区作为苏南最富活力的经济和科技增长点之一，始终依靠扶持光伏、创意、生物医药、新能源等重点特色产业带动当地关键技术及重大产品的研究开发，在提升原有的产业技术水平的同时，还开发了一批拥有自主知识产权的产品和技术。尤其近年来，A 市高新区以提升区域自主创新能力为核心，以区内科技企业孵化器的知识产权工作为抓手，以政策体系的完善和服务平台的优化为手段，借助对孵化器内在孵企业创新能力的强化来推进 A 市高新区自主知识产权创新的步伐，不断增强知识产权特别是专利的创造、运营、保护和管理，并取得了明显的成效。本节分别从政策驱动、项目拉动和服务推动这三方面来探析园区政府行为方式在孵化器知识产权服务中的作用。

一、A 市高新区孵化器知识产权服务中政策驱动行为方式的分析

为进一步提高 A 市高新区内孵化器的知识产权服务能力，推动孵化器内在孵企业的研发创新能力，实现关键技术及核心产品上的突破。从 2010 年起，A 市高新区颁布了一系列面向区内孵化器的专项服务政策，如《关于加快科技企业孵化器建设与发展的若干意见》《A 市高新区专利发展规划》《A 市高新区知识产权战略纲要》《A 市孵化器知识产权服务战略分析报告》等政策文件，建立和完善了具有 A 市特色的孵化器知识产权政策体系，强化了知

识产权在促进在孵企业产业升级、科技创新、人才培养等方面的导向作用，这不但彰显了政策的杠杆作用，还增强了知识产权在产业、科技及重大经济活动中的影响力。

而在监管政策方面，A市高新区颁布了《A市高新区知识产权服务监管条例》，根据区内孵化器的需要设立了知识产权发展战略工作小组，由区管委会、区司法局局长、区经济发展局副局长、区知识产权局局长联合科技局、工商分局、质监分局等单位成员共同组成，主要负责研究制定高新区及其孵化器知识产权司法保护、指导、协调、督促工作的开展，解决知识产权侵权和知识产权滥用等有关问题，总结并推广各类知识产权的服务活动经验，充分发挥知识产权司法保护与行政保护相互协调的体制优势，提高知识产权服务及监管活动的效率和水平。

二、A市高新区孵化器知识产权服务中项目拉动行为方式的分析

A市高新区积极为区内孵化器设立知识产权服务专项基金项目，每年投入孵化器知识产权服务中的项目资金达到了430万元，其中面向在孵科技企业的专利技术创新资金达220万元，科技产品专利推广资金60万元，其他中试、检测、人员配备资金则有150万元。充裕的项目资源不但保证了孵化器服务的可持续性，还为A市高新区的产业升级、服务内容的拓新创造了必要的条件。

并且A市高新区围绕其发展的重点领域，在生物医药、新能源、电子信息等行业定期组织专利项目技术督促小组，并划拨设立专有项目扶持基金，从而突破并掌握了一批以专利权为核心的自主知识产权先进技术，尤其是区内生物医药领域，在A61B17（外科器械、装置或方法）、A61K31（含有机有效成分的医药配制品）、A61B19（手术或诊断用的仪器、器械）、冻干粉针剂（含抗肿瘤药）、小容量注射剂、胰激肽原酶、胰弹性蛋白酶、L-门冬酰胺酶等方面，A市高新区对该类产品及其专利的服务资金年投入量以30%的速度增长，并且从1993年至今，在区内孵化器IP服务的引导下共申请专利334件，其中发明150件、实用新型114件、外观设计70件，整体呈现上升趋势。

三、A市高新区孵化器知识产权服务中服务推动行为方式的分析

A市高新区政府为保证区内孵化器的顺利运行，极其重视对基础服务设施的建设和共性技术服务的提供，其2010年已在共性技术的采购中投入了12.25亿元，另外在厂房建设和设备购买的资金投入上也以每年6%的速度在递增。

在知识产权申请方面，A市高新区政府建立健全了面向孵化器的知识产权培育、储备、推荐机制，开展申请培训服务，指导各类主体及时申请知识产权，鼓励和扶持技术原产企业的专利申请，充分发挥商标品牌协会作用，引导在孵企业境外申请、注册商标，积极开拓国际市场。截止到2010年，区内专利授权总量已达到2803件，其中发明专利就有117件、实用新型专利1663件、外观设计为1023件，著名商标29件、知名品牌21个，比往年增长50.06%。

在中介培育方面，A市高新区还大力发展中介服务机构，完善中介服务体系，重点培育一批具有一定规模、良好经营理念、市场信誉和熟知国贸规则的中介机构。截止到2012年，经常在高新区及其孵化器内开展专利中介服务的机构已达10家，涉外专利中介服务机构2家。A市还创办了唯一的一家高新区专利服务中心，面向在孵企业及社会开展知识产权（专利）查新、咨询、评估交易和预警等工作，促进在孵企业专利技术的创造、运用和流转。

在人才培训方面，A市高新区政府还积极培育面向孵化器的专业人才：一是加大对专利管理职能部门工作人员培训，提高其工作水平和业务能力；二是积极引进高水平的中介服务人员来孵化器担任企业专利顾问，开展全方位的服务工作；三是加强企业自身知识产权人才的培养，通过请进来和走出去，为企业培养专利人才；四是依托高等院校、相关研究机构及国内外相关专家为高新区经济科技发展提供知识产权咨询服务。仅2010年A市高新区就为孵化器的服务人员举办知识产权培训班、报告会、讲座等活动21场，参加培训活动人数612人、选送工程师培训100人，获得工程师证书50人，并从外部引进创业导师3人、教研导师17人、服务专家7人、技术辅导员35人；同时还依托A市技术师范学院、A市职业技术学院、A市大学共同创建知识产权服务培训点，为高新区及其孵化器培养专业服务人才。

第二节 A市高新区孵化器知识产权服务中政府行为方式问题的挖掘

从已有的文献资料中可以获悉，A市高新区政府对孵化器服务能力的提升始终处于关注状态，对服务水平的优化也给予极大的支持，但在部分行为方式领域还有很多问题有待解决。

一、政策驱动结果讨论

在A市的调研分析中可以发现，政策驱动行为方式还存在制定偏位和实施乏力等问题。

(一)政策制定偏位

园区政府现有的服务政策多以"吸纳创新资源，推动知识产权创造"为战略导向。例如，A市高新区政府正逐步加大对在孵企业专利申请资助力度，积极引入创新服务型人才，强化专利研发设备配置，这在一定程度上提升了孵化器知识产权服务的创新效能，使得孵化器内在孵企业的知识产权拥有量稳步增长。但是面向后端在孵企业知识产权运营的引导性政策则是缺位的，未能形成有效的企业知识产权运营机制，不能促进在孵企业知识产权进入"创造—运营—再创造"的良性循环，制约了孵化器知识产权服务效能的提升。

(二)政策实施乏力

园区政府面向孵化器知识产权服务的政策除了偏位问题外，还体现出了乏力症状，究其原因则在于决定政策执行力的服务人才缺失。例如，对A市高新区的实地访查可以发现，其科技企业孵化器内的知识产权服务人才在很大程度上难以满足在孵企业的实际诉求，已有人才也仅是从事知识产权代理申请的一般性服务人才，高端复合型人才极为稀缺。根据已有资料统计，从2000年到2010年，A市高新区内的服务工作人员只有47人，具有知识产权服务从业经验的服务人员才12人，获得工程师证书的人员才7人，很难满足园区内在孵企业对知识产权服务的强烈诉求。同时，人才的缺失使得园区政府已制定的服务政策缺乏必要的执行力，很多服务政策形同虚设，难以凸显孵化器知识产权服务的效能。

二、项目拉动结果讨论

从对火炬年鉴统计数据的分析中可知，A市高新区项目拉动行为方式还存在服务项目获准数量不足和项目执行缺位等问题。

(一)项目获准数量不足

由于服务政策的偏位，孵化器所获准的项目数量并不多，由《中国火炬科技统计年鉴2012年》的相关数据可知，2010年国家完全事业型科技企业孵化器内所批准的服务项目为60 131项，其中涉及知识产权服务内容的仅4351项，所占比例不到8%。其中，A市高新区2010年由政府设立的知识产权服务项目才11项，其中还有6项是作为辅助项目以配合园区的创新工程来实施的，而且已有服务项目内容的规划和已做出的项目政策解读也仅集中于夯实在孵企业的知识产权竞争基础，即"权利资源获取"阶段，尚未触及"权利财富运营"阶段，缺少合理的服务项目规划，这些问题致使A市高新区内孵化器的服务资源仅集中在知识产权服务的前端环节，没有形成完善的服务链条效应，难以将园区政府所设立的知识产权服务项目有效嵌入并根植于在孵企业的发展流程之中，无法凸显孵化器知识产权服务效能。

（二）项目执行缺位

服务项目的实施除了要有合理的规划和明确的目标外，还要能与在孵企业的实际诉求相对接，通过为在孵企业提供项目咨询、服务培训，增加企业对服务项目的认可度。虽然园区政府可依靠知识产权服务项目的政策解读和服务项目的策划为在孵企业展示服务项目的实施前景，但因缺少复合型的专业服务人员，使孵化器在服务项目的执行过程中只能局限于为在孵企业提供一般性的沟通服务，无法提供直接作用于在孵企业知识产权能力的培训和咨询服务，项目的执行力度无法凸显。例如，2010年A市高新区政府为区内知识产权服务项目配置的专职知识产权代理人仅21人，而且这些代理人主要集中在IT和纺织领域的服务项目中，至于植物新能源、动漫、轴承机床等领域则未给予配置；再加上现有服务项目的规划始终局限于专利技术研发及孵育，还尚未向权项运营触及，这使得服务项目在人员缺失、规划缺位的影响下，始终难以有力地发挥积极作用。

三、服务推动结果讨论

从实地调研分析中可知，服务推动行为方式还存在服务载体建设不足和服务人才缺失等问题。

（一）服务载体建设不到位

孵化器现行服务载体建设多集中于周期短、见效快的生产试验平台、专家数据库等方面，对于专业性较强、层次较高的商务平台建设则还未引起足够的重视，无法形成"前端专家设计、中端生产试验、后端商务运营"的服务链条。以孵化器内的专利代理机构为例，2009年A市已建有专利代理机构的孵化器有4家，且这些代理机构规模偏小，大多服务种类单一，业务范围狭窄，代理环节主要集中于申请专利和纠纷诉讼部分，在科研立项、确定技术路径、构建专利战略、实施专利策划咨询等方面则十分薄弱，无法为孵化器知识产权服务效能发挥带来足够的支撑作用。

（二）服务人才缺失

目前孵化器内的知识产权专业人才匮乏。首先，中介服务人才匮乏，从《中国火炬科技统计年鉴2010年》的统计可知，2009年到2011年，A市高新区内完全事业型科技企业孵化器在孵企业的专利申请量翻了一番,而专利代理人数量仅增加 5 人,总数只有 16 人,仅占江苏省总数的 0.17%。其次,知识产权工程师不足,已有的火炬科技统计数据资料显示,在 A 市高新区内孵化器从事知识产权工作的人员有 155 人,而获得知识产权工程师职称的仅有 18 人,同期三星和飞利浦公司的知识产权工程师就都达到 300 多人。最后,知识产权战略策划人才稀少,目前 A 市高新区孵化器内通晓知识产权国际规则,能熟练开展企业知识产权战略策划,并能代理涉外知识产权诉讼的高端知识产权战略策划师极度匮乏,按中国科技网于 2011 年的调研结果分析可获悉,每一家完全事业型孵化器仅有 0.21 个战略策划人,战略策划人的缺失使得孵化器无法从战略的高度对孵化器知识产权服务进行全程考量。

第三节 孵化器知识产权服务中政府行为方式的改进建议

孵化器知识产权服务效能的发挥不仅需要市场的调节,更需要园区政府能体现出较高的知识产权服务意识,依靠孵化器知识产权服务方向的转变、孵化器知识产权服务规划的设立、孵化器知识产权服务资金的投入、孵化器知识产权服务政策的完善和孵化器知识产权服务平台的建设等方面来完善孵化器知识产权服务的结构,优化孵化器知识产权服务的能力。据此,本节对接园区知识产权服务的工作实况,提出相应的政府行为方式改进建议,为未来政府管理人员提供借鉴和指导。

一、孵化器知识产权服务方向的转变

对已有的知识产权服务资料分析可获悉,许多园区内的孵化器在从事知识产权服务的过程中,更倾向于为在孵企业技术创新活动的下游提供服务,即只是简单地将在孵企业已有专利技术转化成商品,并快速地推向市场,缺少必要的前期规划及预警。这往往会造成在孵企业获得的专利技术及其产品无法与市场的需求有效衔接,产生了技术与经济的脱节。因此,园区政府要积极转变孵化器原有的知识产权服务理念及方向,引导孵化器的知识产权服务内容开始向在孵企业技术创新活动的中上游及其顶层转移,让孵化器直接参与到在孵企业的研发转化过程之中。同时,园区政府在企业研发前期就帮助其与外部研究机构建立长期合作关系,不但向在孵企业提供专利技术研发类的服务,还为企业提供知识产权预警、知识产权咨询等服务,让在孵企业深入了解自身的技术等级及结构,促使在孵企业的核心专利技术及其产品能更好地与市场需求相对接;同时实施知识产权转让、知识产

权交易、知识产权质押融资等方面服务,以加快在孵企业的权利资本向财富资本转变。

二、孵化器知识产权服务规划的设立

考虑到许多园区政府现有的知识产权服务规划还只是孤立地从孵化器提供一般性知识产权服务这个单一角度来设立,并未从在孵企业、孵化器和园区政府等多个层面来衡量,为此园区政府应从多个层面制定科技企业孵化器的知识产权服务规划。首先,建立以孵化器知识产权服务为主体、以在孵企业知识产权服务诉求为导向的知识产权服务结构。其次,强化园区政府对孵化器知识产权服务的监管,制定在孵企业的入孵准入制度,吸纳一批技术含量高、市场前景好,且带动效应明显的在孵企业,从而为孵化器知识产权服务效能的提升创造前提条件。最后,优化孵化器知识产权服务内容,调适孵化器知识产权服务理念,正确处理好"政府—孵化器—市场"三方间的关系,促进孵化器知识产权服务内容的合理化、专业化和规模化。例如,园区政府可借鉴四川金鑫高新区科技企业孵化器的服务办法,依靠园区政府专门为区内的孵化器设立了《高新区服务事业规划指南》和《中介服务管理公约》,强调以服务在孵企业为主要方向,通过前期的评审、检测,中期的考核、认证和后期的反馈、调试,来逐步完善高新区内孵化器的知识产权服务内容,增加潜力较强、技术含量较高的企业入驻;同时设立园区政府定期反馈机制,根据服务市场的变化情况对服务规划指南和服务管理公约进行及时的调整和优化,以实现孵化器知识产权服务效能的稳步提升。

三、孵化器知识产权服务资金的投入

园区政府若要引导孵化器知识产权服务的顺利开展,既要加大对孵化器知识产权服务专项资金的投入,又要积极引导社会资金对孵化器知识产权服务的支持;同时,园区政府还要通过完善技术创新基金、提供风险投资基金、从事知识产权抵押担保等活动,为孵化器知识产权服务塑造良好的服务金融体系、缔造完善的服务资本环境。例如,西安经济开发区每年提供给大普科技企业孵化器的技术创新扶持资金累计就达2300万元,而且西安经济开发区政府还单独面向在孵企业设立外部资金联动小组,每年为企业专利申请和产权交易吸纳的外部资金就有110万元左右。为此,园区政府可借鉴西安经济开发区政府的做法,在增加知识产权服务资金、设立各类风险基金的前提下,着手准备成立社会资本服务联动小组,主动联系具有从事知识产权服务意愿的企业家和经理人，依靠税收优惠和财政补偿，强化他们注资科技企业孵化器知识产权服务的积极性，增加孵化器内知识产权服务资本的多元化。

四、孵化器知识产权服务政策的完善

园区政府应抓住当前产业结构调整的机遇，坚持项目、人才、孵化器一体化，颁布出具有产业链导向效应的政策体系，增加服务政策的覆盖领域，带动优势在孵企业的培育。通过载体创新、财政资助、市场联合等政策的发布，形成"创意研发化、研发成果化、成果产权化、产权标准化"等良性循环的政策环境，促进知识产权服务要素在孵化器服务活动中的激活，实现以服务促创新、以创新促转化、以转化促运营，推动孵化器知识产权服务效应的升级。例如，杭州市高新区政府就通过颁布《杭州市科技企业孵化器服务认定实施细则》，强调孵化器每年要从高新技术成果收益中提取一部分资金，返还给在孵企业和区内的知识产权服务机构，以保证孵化器知识产权服务的连续性。所以，园区政府可借鉴此做法，依靠颁布孵化器服务认定实施细则，保证区内孵化器每年都能将高新技术成果所获收益的15%返还给孵化器内的研发企业和知识产权申请服务机构，并定期下拨成果转化种子资金，保证所获得的高新专利技术能顺利转化为商品，并稳步投入市场，这样不但能促进在孵企业的创新意愿，形成创新产出，还可间接带动孵化器知识产权服务效能的显现。

五、孵化器知识产权服务平台的建设

园区政府可从知识产权信息数据库的建设、商务服务市场和法律援助平台的设立等方面逐步健全孵化器的知识产权服务体系。首先，为区内孵化器知识产权服务建立专利信息检索系统、重点行业专利数据库、专利文献公共阅览室，并与国家专利信息系统形成资源共享的互动平台，支持孵化器为在孵企业开展知识产权信息的多重利用。其次，加强对孵化器知识产权服务市场的管理和培育，设立服务人员培训平台，引导孵化器内服务人员的公正执业和规范服务，鼓励孵化器开展知识产权评估、信息咨询、战略分析等商用服务。再次，进一步完善和健全孵化器的专利申请与保护互动体系，及时为在孵企业申请专业性强、技术难度高的专利。最后，以《孵化器知识产权人才培养工程实施方案》为指南，探索孵化器知识产权服务人才的培养新模式，可通过专利行政执法基础班等培训平台的设立，对新到岗的工作人员进行培训考核；或开展区内专利代理执业培训，为服务人员提供专利代理实务、知识产权诉讼技巧、专利战略应用、执业纪律等实用性培训，以此支撑孵化器知识产权服务的持续进行。例如，镇江区政府就联合上海、浙江的孵化器协会，共同举办了"长三角科技企业孵化器中高级管理人员培训班"，定期为镇江京口科技创业服务中心和科技新城内的服务人员提供专业化培训课程，协助其掌握知识产权管理知识，提高孵化服务管理能力。所以园区政府也可联动知识产权服务的优势园区，设立专业化的人才服务培训平台，增加区内服务人员的专业化素养。

本章小结

（1）挖掘 A 市高新区政府在孵化器知识产权服务中的症结所在。

（2）提出未来园区政府知识产权服务中政府行为方式的改进建议。

第七章 研究结论与展望

本章对全书做一个概括和总结，在对主要结论进行归纳与总结的基础上，对研究的不足进行说明，表明未来可能的研究方向。

第一节 研究结论

本书在国内外文献的基础上，以输入、运作、输出模型为理论指导框架，构建了科技企业孵化器知识产权服务中政府行为方式的理论分析框架，运用深度访谈、文献梳理等方法探究了科技企业孵化器知识产权服务能力构成与政府行为方式的类型，运用新制度经济学、技术创新理论、组织行为学理论等研析了政府行为方式在科技企业孵化器知识产权服务的内在机理及作用路径。总结本书在撰写过程中的主要收获，有以下几点。

一、认知了孵化器知识产权服务

首先，界定了科技企业孵化器知识产权服务的内涵，认为科技企业孵化器知识产权服务是指：以科技企业孵化器自身条件、技术环境为依托，以实现在孵科技企业升级转型为引领，以知识产权有效融入在孵科技企业的创新及转化活动为主线，以培育由龙头在孵科技企业所主导的特色产业和优势产业为抓手，以联动政府行政部门和外部其他科技中介组织及机构的知识产权服务资源投入为手段，促进在孵科技企业在知识产权创造、运营和管理等能力上的全方位提升。孵化器所施行的知识产权孵育、知识产权交互和知识产权引导的系列性服务活动不仅要依靠科技企业孵化器自身的能力，还要依靠园区政府、外部中介等组织的共同参与来完成。

其次，解析了科技企业孵化器知识产权服务能力的具体构成：技术孵育服务能力、权利申请服务能力、权项运营服务能力。其中技术孵育服务是孵育在孵企业获取知识产权资源的技术土壤，即将"理念知识转化为技术"；权利申请服务是帮助在孵企业提升知识产权存量，即"技术转化为权利"；权项运营服务则是帮助在孵企业将获得的知识产权资源转变为企业收益，即

"权利转化为财富"。

二、解析了孵化器知识产权服务中政府行为方式的内涵及构成

界定科技企业孵化器知识产权服务中政府行为方式的内涵，认为科技企业孵化器知识产权服务中政府行为方式是指：以完备的资金及调控政策为抓手，以塑造良好的孵化环境为引领，以完善的公共服务平台为保障，以增强科技企业孵化器服务能力为核心，在不完全代替孵化器服务的前提下所实施的行为集；而这种行为集可由政策法规的颁布、资金人员的配备、公共设施的配给，以及组织平台的创设等活动予以体现。在服务中的政府行为方式的类型主要表现为项目拉动、服务推动、政策驱动三种。

三、探索了孵化器知识产权服务及政府行为方式的关键因子

首先，通过文献梳理和专家访谈法获得了科技企业孵化器知识产权服务及其政府行为方式的测量题项。其次，采用 SPSS 软件对科技企业孵化器知识产权服务及其政府行为方式测量题项的有效调研数据进行因子分析，系统性地构建了 7 个科技企业孵化器知识产权服务的初阶因子与 8 个科技企业孵化器知识产权服务中政府行为方式的初阶因子。

四、探析了孵化器知识产权服务中政府行为方式的作用机理

首先，依据理论阐述和分析，构建了科技企业孵化器知识产权服务中政府行为方式作用机理的概念模型，提出了相关研究假设。其次，运用 SPSS 和 AMOS 软件对 152 份有效调研问卷进行了信度分析，运用二阶验证性因素分析进行效度检验，运用 SEM 逐层深入地全面对概念模型及其假设进行了验证分析：项目拉动对科技企业孵化器知识产权服务存在显著正相关关系；服务推动对科技企业孵化器知识产权服务存在部分正相关关系；政策驱动对科技企业孵化器知识产权服务存在正相关关系。最后，本书讨论、剖析了项目拉动、服务推动、政策驱动对技术孵育服务、权利申请服务和权项运营服务的关系，为提出科技企业孵化器知识产权服务中政府行为方式的改进建议，提供了应用指导。

第二节 研究展望

"科技企业孵化器知识产权服务中政府行为方式的研究"这一命题在国内还未有人涉猎，故具有较大的研究价值。笔者进行了艰苦的探索，克服了

理论与实践调研中的诸多障碍，但是受主客观条件的限制，本书还存在一些不足，具体如下。

一、研究样本偏少

虽然在调研过程中投入了大量精力进行调研问卷的设计与发放，而问卷的回收率也基本满足了科技企业孵化器知识产权服务中政府行为方式研究对样本的要求。但问卷回收和分类工作仍存在各种困难，为此本书的实证部分还难以称之为大样本研究。为此，笔者期望有更大规模的样本数据对科技企业孵化器知识产权服务中政府行为方式进行论证，以更好地为科技企业孵化器服务提供理论指导。

二、测评指标有待改进

基于各类文献的总结和归纳，并且走访调研科技企业孵化器服务的整个过程，笔者首次构建了一套能有效测度科技企业孵化器知识产权服务及其政府行为方式的指标体系。虽然该指标体系在后期的分析及探寻中经过了多次的验证和改进，但是建立一套完善、科学、有效的指标体系，还需要学术界给予进一步的验证分析，以加快科技企业孵化器服务进程。所以建立一套能被大部分学者接受的测量指标仍然需要进行不停的努力。

三、改进建议尚不够完善

由于本书的重点在于解析科技企业孵化器知识产权服务中的政府行为方式，需要从定量的角度对科技企业孵化器知识产权服务中政府行为方式进行实证分析，故而从规划设立、政策完善、资金投入、平台建设等角度提出了优化科技企业孵化器知识产权服务及其政府行为方式的改进建议，但是这些建议只是以完全事业型科技企业孵化器为基础提出的，若要提供能在其他科技企业孵化器内共同运用的对策与建议还要进一步修改和完善。故而如何在已有条件下充分发挥政府部门在科技企业孵化器知识产权服务中的规范、服务、引导、调节等作用，实现政府行为方式与孵化器服务的完美结合，就成为该领域未来研究所要关注的方面。

虽然本书暂告一段落，但是对科技企业孵化器服务中政府行为方式的探索还在继续，希望能够在后续的研究缔造更为合理、有序的分析框架和研究体系。

参考文献

[1] 奥斯本，盖布勒.改革政府：企业家精神如何改革着公共部门[M].周敦仁，译.上海：上海译文出版社，2006.

[2] 王浦劬，萨拉蒙.政府向社会组织购买公共服务研究：中国与全球经验分析[M].北京：北京大学出版社，2010.

[3] 帕克斯和.公共服务的制度建构[M].上海：上海三联书店，2000.

[4] 奥斯特罗姆.公共事务的治理之道：集体行动制度的演进[M].余逊达，陈旭东，译.上海：上海译文出版社，2012.

[5] 登哈特，登哈特.新公共服务：服务，而不是掌舵[M].丁煌，译.北京：中国人民大学出版社，2010.

[6] 罗宾斯，贾奇.组织行为学精要[M].郑晓明，译.机械工业出版社，2011.

[7] 柯武刚，史漫飞.制度经济学：社会秩序与公共政策[M].韩朝华，译.北京：商务印书馆，2000.

[8] 熊彼特.经济发展理论[M].邹建平，译.北京：中国画报出版社，2012.

[9] 欧文斯.教育组织行为学——适应型领导与学校改革[M].北京：中国人民大学出版社，2007.

[10] 郭成纲.西方管理思想史[M].北京：经济管理出版社，2004.

[11] 韦里克，孔茨.管理学——全球化视角（第十一版）[M].马春光，译.北京：经济科学出版社，2004.

[12] 诺思.经济史中的结构与变迁[M].陈郁，罗华平，译.上海：上海三联书店，1994.

[13] 诺思，托马斯.西方世界的兴起[M].厉以平，蔡磊，译.北京：华夏出版社，2009.

[14] 诺思.制度、制度变迁与经济绩效[M].刘守英，译.上海：上海三联书店，1994.

[15] 福勒. 调查问卷的设计与评估 [M]. 蒋逸民, 译. 重庆大学出版社, 2010.

[16] 王重鸣. 心理学研究方法 [M]. 北京: 人民教育出版社, 2001.

[17] 任恢忠. 物质·意识·场——非生命世界、生命世界、人类世界存在的哲学沉思 [M]. 上海: 学林出版社, 1999.

[18] 波斯特, 劳伦斯, 韦伯. 企业与社会: 公司战略公共政策与伦理 [M]. 张志强, 译. 北京: 中国人民大学出版社, 2005.

[19] 吴明隆. SPSS 统计应用实务 [M]. 北京: 科学出版社, 2003.

[20] 马庆国. 管理统计 [M]. 北京: 科学出版社, 2002.

[21] 侯杰泰, 温忠麟, 成子娟. 结构方程模型及其应用 [M]. 北京: 教育科学出版社, 2004.

[22] 易丹辉. 结构方程模型: 方法与应用 [M]. 北京: 中国人民大学出版社, 2008.

[23] 德威利斯. 量表编制: 理论与应用 [M]. 魏武刚, 龙长权, 宋武, 译. 重庆: 重庆大学出版社, 2004.

[24] 黄芳铭. 结构方程模式: 理论与应用 [M]. 北京: 中国税务出版社, 2005.

[25] 罗德, 诺维克. 心理测验分数的统计理论 [M]. 叶佩华, 张敏强, 黄光扬, 等, 译. 福州: 福建教育出版社, 1992.

[26] 晋艺波. 甘肃服务业发展与甘青宁经济区经济发展互动关系研究 [J]. 云南财经大学学报(社会科学版), 2011(2).

[27] 韩红丽, 刘晓君. 产业升级再解构: 由三个角度观照 [J]. 改革, 2011(1).

[28] 程大中. 中国服务业与经济增长: 一般均衡模型及其经验研究 [J]. 世界经济, 2010(10).

[29] 江小涓. 服务业增长: 真实含义、多重影响和发展趋势 [J]. 经济研究, 2011(4).

[30] 张士运, 李功越. 生产性服务业与研发型服务业关系探讨及发展的思考 [J]. 中国科技论坛, 2009(6).

[31] 段杰, 张燕, 张娟. 深港生产性服务业发展现状及比较研究 [J]. 经济研究导刊, 2011(4).

[32] 吕政, 刘勇, 王钦. 中国生产性服务业发展的战略选择——基于产业互动的研究视角 [J]. 中国工业经济, 2006(8).

[33] 马娇.科技中介研究综述 [J].法制与社会，2009（28）.

[34] 陈德权，娄成武.国内外科技中介服务机构的比较与启示 [J].中国软科学，2003（5）.

[35] 何正军.美国构建科技中介服务体系的经验及启示 [J].甘肃科技，2013（12）.

[36] 常爱华，王希良，梁经纬，等.价值链、创新链与创新服务链——基于服务视角的科技中介系统的理论框架 [J].科学管理研究，2011（2）.

[37] 夏东平.对科技中介机构的再研究 [J].杭州科技，2012（6）.

[38] 林强，姜彦福.中国科技企业孵化器的发展及新趋势 [J].科学学研究，2002（2）.

[39] 陈粟.世界企业孵化器理论研究的最新进展 [J].技术与创新管理，2006（5）.

[40] 郑孝国.孵化器竞争力的测度模型研究 [J].中国科技论坛，2007（5）.

[41] 于晓丹，汪克夷，钟琦.企业孵化器知识网络及其创新机制研究 [J].科技与管理，2009（6）.

[42] 李荣静，陈颉.孵化器服务能力评价指标体系构建 [J].科技管理研究，2011（6）.

[43] 宋清，李志祥.企业孵化器的外部性与政府行为研究 [J].江苏商论，2006（6）.

[44] 戴磊.南京高新区科技创业服务中心服务体系的发展与完善 [J].江苏科技信息，2009（9）.

[45] 朱国华，姜林.从经济学角度探讨中国科技企业孵化器的发展方向 [J].科技与经济，2007（1）.

[46] 孙斌，王君.孵化器的情报信息服务 [J].科技管理研究，2012（23）.

[47] 张炜，邢潇.科技企业孵化器服务项目与服务绩效关系实证研究 [J].科学学与科学技术管理，2006（4）.

[48] 郭韬，洪进，赵定涛.孵化器服务创新能力与企业风险资本的获得 [J].中国科技论坛，2012（11）.

[49] 李恒光.企业孵化器绩效评价研究综述 [J].青岛科技大学学报（社会科学版），2006（3）.

[50] 李林，王永宁.国家大学科技园管理运行模式及策略研究 [J].重庆大学学报（社会科学版），2005（8）.

[51] 郝利，类淑霞.我国农业企业孵化器运行机制的理论分析 [J].科技进步与对策，2009（17）.

[52] 李昕. 基于互联网技术的科技企业孵化器公共信息服务平台 [J]. 武汉大学学报（哲学社会科学版），2004（6）.

[53] 张国梁. 科技企业孵化器运营机制探析 [J]. 中国城市经济，2010（5）.

[54] 黄宇，黄雄伟. 加强北海科技企业孵化器建设的几点思考 [J]. 企业科技与发展，2010（20）.

[55] 徐力，崔素玲，魏茹芳，等. 市场化、社会化、网络化的河北省科技中介服务体系构建研究 [J]. 地理与地理信息科学，2011（3）.

[56] 程龙泉. 加速"孵化器"建设，打造创新型城市 [J]. 江苏科技信息，2007（5）.

[57] 雷引娣. 企业孵化器在创业过程中的功能与作用探微 [J]. 山西高等学校社会科学学报，2012（12）.

[58] 董雨，董冰. 我国留学人员创业园区发展的主要问题及对策研究 [J]. 科技与企业，2012（19）.

[59] 陈洪转，成长春. 新兴产业：现代物流业 [J]. 盐城师范学院学报（人文社会科学版），2003（3）.

[60] 高彦彦，苏炜，郑江淮. 政府规模与经济发展——基于世界面板数据的实证分析 [J]. 经济评论，2011（2）.

[61] 张海玉，刘平. 论美国自由市场经济与国家干预的博弈 [J]. 未来与发展，2012（11）.

[62] 陈洪转，羊震，金振鑫. 高校科技人才培养机制的国际借鉴 [J]. 南昌教育学院学报，2013（2）.

[63] 陈振明. 政府能力建设与"好政府"的达成——评梅利里·S. 格林德尔主编的《获得好政府》一书 [J]. 管理世界，2003（8）.

[64] 陈振明，吕志奎，胡薇薇. 强化我国政府社会管理职能的对策思考——《"政府社会管理"课题的研究报告》之四 [J]. 东南学术，2005（4）.

[65] 宁亮. 基于政府行为的创业环境改善研究 [J]. 湖南大学学报（社会科学版），2009（1）.

[66] 陈劲，斯亚奇，谢芳. 企业知识产权价值实现的动态选择 [J]. 科学学与科学技术管理，2011（11）.

[67] 李林，王永宁. 国家大学科技园管理运行模式及策略研究 [J]. 重庆大学学报（社会科学版），2005（5）.

[68] 刘巧艳. 新时期我国政府职能研究述评 [J]. 四川理工学院学报（社会科学版），2013（1）.

[69] 李云燕. 论市场机制与政府行为在循环经济发展中的地位与作用 [J].

中央财经大学学报，2006（1）.

[70] 杨贵华.社区公共服务发展与专业社会工作的介入[J].东南学术，2011（1）.

[71] 龙宗智.转型期的法治与司法政策[J].法商研究，2007（2）.

[72] 肖文清，胡珊琴.关于当前我国政府行为失范的理性分析[J].云南行政学院学报，2003（6）.

[73] 赵宇峰.新时期政府行为失范原因及相关对策分析[J].学习论坛，2006（5）.

[74] 傅首清.区域创新网络与科技产业生态环境互动机制研究——以中关村海淀科技园区为例[J].管理世界，2010（6）.

[75] 袁境.西部特色优势资源开发与特色产业发展探析[J].西南金融，2013（1）.

[76] 程昱，陈林.中国高新区的创新发展模式研究[J].中国商贸，2012（33）.

[77] 凌岚.浅析安徽省高校科技成果转化现状及对策[J].安徽农业大学学报（社会科学版），2011（5）.

[78] 张锡宝.国际上孵化器的发展与演变[J].东方论坛，2005（5）.

[79] 赵黎明，卢珊.科技企业孵化器与创投合作绩效研究[J].天津大学学报（社会科学版），2013（1）.

[80] 余泳.云南省科技企业孵化器体系建设研究[J].中小企业管理与科技（下旬刊），2012（12）.

[81] 李磊，王信东.论科技企业孵化器对促进城市产业升级的功能[J].科技和产业，2011（1）.

[82] 王海鸥.加快孵化器建设，助推区域经济发展[J].安徽科技，2011（4）.

[83] 卢章平，王晓晶.国家和地方科技成果转化政策对比分析[J].图书情报工作，2012（24）.

[84] 高萍.科技企业孵化园[J].今日科技，2013（1）.

[85] 朱永征.打造人才培育的"孵化器"——队伍建设中注重将高学历转化为高能力[J].上海商业，2013（1）.

[86] 吴立涛.江苏省科技企业孵化器发展简析[J].天津科技，2012（4）.

[87] 罗明忠，万春.国外建设创业型城市的主要做法与启示[J].当代经济管理，2011（1）.

[88] 方晓波.河南科技企业孵化器的调查与分析[J].企业导报，2011（22）.

[89] 胡小龙，丁长青.科技企业孵化器对在孵企业知识获取的影响研究[J].

情报杂志, 2011 (11).

[90] 鲍观明. 我国民营企业技术创新目标定位与战略选择 [J]. 安徽工业大学学报 (社会科学版), 2002 (5).

[91] 焦军利. 浅析科技企业孵化器的投融资服务 [J]. 经济视角 (上), 2009 (4).

[92] 陈友强. 英国大学企业孵化器的运作与管理 [J]. 肇庆学院学报, 2004 (4).

[93] 窦孟忠, 方四平. 基于知识管理的企业组织结构创新 [J]. 华北科技学院学报, 2004 (2).

[94] 逄艳波, 孙丹. 基于组织行为理论的教学模式在物流人才培养中的应用分析 [J]. 科技风, 2013 (1).

[95] 张冉, 玛瑞迪斯·纽曼. 情绪劳动管理: 非营利组织人力资源管理的新视角 [J]. 浙江大学学报 (人文社会科学版), 2012 (2).

[96] 张宝山. 商业银行小企业组织架构改革的目标模式与路径探索 [J]. 新金融, 2012 (12).

[97] 郭平, 刘小强. 组织理论与大学内部治理 [J]. 求实, 2012 (S2).

[98] 贺小刚. 企业边界的新探索 [J]. 科学·经济·社会, 2006 (1).

[99] 赖婉英. 诺思制度变迁理论述评 [J]. 经济研究导刊, 2011 (34).

[100] 黄赛男, 曾松林. 基于因子分析的中国金融风险研究 [J]. 中南财经政法大学研究生学报, 2007 (6).

[101] 吕韦韦, 程炜. 基于场论的创新型团队知识共享研究 [J]. 中国商贸, 2010 (29).

[102] 王国红, 邢蕊, 唐丽艳. 基于知识场的产业集成创新研究 [J]. 中国软科学, 2010 (9).

[103] 王国红, 方明, 邢蕊. "成长场"对集群企业成长的作用分析 [J]. 科学学与科学技术管理, 2011 (9).

[104] 高维和, 刘勇, 陈信康, 等. 协同沟通与企业绩效: 承诺的中介作用与治理机制的调节作用 [J]. 管理世界, 2010 (11).

[105] 许德友, 梁琦. 金融危机、技术性贸易壁垒与出口国企业技术创新 [J]. 世界经济研究, 2010 (9).

[106] 余福茂, 丁祥海. 知识流动对纺织集群企业竞争优势影响的实证研究 [J]. 纺织学报, 2010 (1).

[107] 臧秀清, 苗利利. 并购价值创造: 影响因素与作用路径的实证分析 [J]. 统计与决策, 2011 (9).

[108] 侯汉坡，殷晓倩，刘春成.基于技术并购的企业持续技术创新体系及实施方式研究[J].中国科技论坛，2009（6）.

[109] 王建华，王方华.企业集团可持续发展技术创新体系的实现途径[J].科技进步与对策，2000（5）.

[110] 金盛华，郑建君，丁洁.组织创新气氛的概念、测量及相关研究热点[J].心理学探新，2008（3）.

[111] 张骁，钱海燕.服务业企业国际化成长的知识整合特性：理论框架及作用机制[J].经济管理，2012（4）.

[112] 缪悦.高管团队社会责任战略选择与企业绩效过程机制实证研究[J].系统工程，2012（9）.

[113] 史江涛，杨金风.结构方程建模方法（SEM）在我国管理学研究中的应用现状分析[J].经济管理，2006（2）.

[114] 李秋香，黄毅敏.基于结构方程的经济系统影响因子指标体系的构建[J].天中学刊，2010（2）.

[115] 任会利.生产性服务贸易对制造业国际竞争力的影响研究[D].长沙：湖南大学，2010.

[116] 王希良.科技企业孵化器绩效评价研究[D].天津：天津大学，2011.

[117] 宁亮.促进创业活动的政府行为研究[D].南昌：江西财经大学，2009.

[118] 汪晶.我国科技服务业发展中的政府行为研究[D].南京：东南大学，2007.

[119] 李杜.基于创新先导战略的长沙孵化器体系构建[D].长沙：中南大学，2009.

[120] 李含伟.合肥市蜀山区建设"中部硅谷"的可行性论证[D].合肥：合肥工业大学，2007.

[121] 夏洁.基于知识场理论的供应链知识流研究[D].昆明：昆明理工大学，2009.

[122] 邓培林.基于企业技术的并购研究［D］.成都：西南交通大学，2006.

[123] 世界银行.1997年世界发展报告：变革世界中的政府[R].北京：中国财政经济出版社，1997.

[124] 王新佳.孵化网络成就企业创新[N].中国高新技术产业导报，2005-8-19（12）.

[125]LALKAKA R J, BISHOP. Business incubator in economic development: an initial assessment in industrializing countries[M]. New York: UNDP, 1996.

[126]FREUND, WEINHOLD D .The internet an international trade in services [J]. American Economic Review Papers and Proceedings, 2002（9）.

[127]HANSEN. Do producer services induce regional economic development [J]. Journal of Regional Science, 1990（4）.

[128]MVON Z, GRIMALDI R. Are service profiles incubator-specific? Results from an empirical investigation in Italy [J].Journal of Technology Transfer, 2006(31).

[129]HACKETT S M, DILTS D M. Inside the black box of business incubation: study B—Scale assessment, model refinement, and incubation outcomes [J]. Journal of Technology Transfer, 2007（8）.

[130]LOCKETT A, VOHORA A, WRIGHT M.Universities as incubators without walls [J].Entrepreneurship and Innovation, 2002（4）.

[131]LUTHANS F. Positive organizational behavior: developing and maintaining psychological strengths[J].Academy of Management Executive, 2002（16）.

[132]WRIGHT T A. Positive organizational behavior: an idea whose time has truly come [J].Journal of Organizational Behavior, 2003（24）.

[133]SOMMER S C, LOEH C S. Selection's and leaning in projects with complexity and unforeseeable uncertainty[J].Management Science, 2004（10）.

[134]EVAN W M. Organizational lag[J]. Human Organizations, 1966（25）.

[135]CHIANG KAO, HSI-TAI HUNG.Efficiency analysis of university departments : an empirical study[J].Omega, 2008（36）.

[136]YING CHU NG, SUNG KO LI. Measuring the research performance of Chinese higher education institutions: an application of data envelopment analysis[J].Education Economics, 2000（2）.

[137]THORSBY E G, THORSBY M C. Who is selling the ivory tower? Sources of growth in university licensing[J]. Management Science, 2002（1）.

[138]RAHA A D, RABELO L C. Assessment framework for the evaluation and prioritization of university inventions for licensing and commercialization[J]. Engineering Management Journal, 2006（12）.

[139]BROUTHERS K, HENNART J M A. Boundaries of the firm: insights from international entry mode research[J]. Journal of Management, 2007（3）.

[140]DYER J H, NOBEOKA K. Creating and managing a high-performance knowledge-sharing network: the Toyota case[J].Strategic Management Journal,

2000（3）．

[141]CHUNG-LEUNG.Stake holder orientation and business perfor-mance[J]. Journal of International Marketing，2005（3）．

[142]BRECKLER S. Applications of covariance structure modeling in psychology：cause for concern [J]. Psychological Bulletin，1990（2）．

[143]BACON，SAUER，MURRAY YOUNG. Composite reliability in structural equations modeling[J]. Educational and Psychological Measurement，1995（55）．

[144]SHOOK，KETCHEN，HULT，et al. An assessment of the use of structural equation modeling in strategic management research[J].Strategic Management Journal，2004（25）．

[145]LEEWH，LAUH，LIU ZHUO-ZHI，et al. A fuzzy analytic hierarchy process approach in modular product design[J]. Expert System，2001（1）．

[146]BANDURA A.Selfefficacy：toward a unifying theory of behavioral change [J].Psychological Review，1997（84）．

[147]LEAVITT H J.Why hierarchies thrive[J].Harvard Business Review，2003（3）．